“茅舍槿篱溪曲”

“门外春波荡绿”

踏上回归精神故里寻古探幽的旅程，

感受乡土的温暖与润泽，

体味精神家园的馨香。

2

国家出版基金项目

NATIONAL PUBLICATION FOUNDATION

"十三五"
国家重点图书
出版规划项目

中国民间文化遗产抢救工程

THE PROJECT TO CHINESE FOLK CULTURAL HERITAGES

中国历史文化名城·名镇·名村丛书

中國歷史文化名村

河北 大梁江

中国民间文艺家协会 / 组织编写
总主编 / 潘鲁生 邱运华
本卷主编 / 马 佶 何克宁

知识产权出版社
全国百佳图书出版单位
—北京—

积聚海量信息 寻觅科学路径（序一）

邱运华

传统村落保护是当下中国文化遗产保护工作中最重要的社会性课题之一。对于一个具有绵延五千年不间断农业文明的民族来说，传统村落能否得到妥善保护更是一个文明能否传承的关键问题。

传统村落保护是当代社会发展的普遍问题，不独中国社会存在，西方发达国家存在，东方发达国家也存在。从世界范围看，这是一个国家从欠发达到发达、从农业社会过渡到工业社会、从以农村为主体发展到城镇化生活方式过程中普遍存在的问题。有学者把中国农村经济结构改造、社群建设、新文化建设和整体民生改善工作这一进程，追溯到 20 世纪 50 年代。但我以为，它毕竟不是我们现在所处的整体转向工业化、城市化进程中遇到的课题。中国社会同一性质的乡村保护课题，起源还是世纪之交的 2003 年 2 月 18 日“中国民间文化遗产抢救工程”。2012 年 12 月 12 日，住房和城乡建设部、文化部、财政部联合发布《关于加强传统村落保护发展工作的指导意见》，2014 年 4 月 25 日，除上述三部外又增加了国家文物局，联合发布《关于切实加强中国传统村落保护的指导意见》，两次重申传统村落保护的联合行动。冯骥才先生在 2012 年的一篇文章里把传统村落保护提高到文明传承的高度，我认为非常正确。中国社会各界对传统乡村保护的问题，有着非常积极的呼应。

中国是发展中国家，但是从东部、南部和东南部区域看，具有发达国家的某些特征。农村人口从西部向东部、从村落向城镇转移，是1990—2010年最重要的社会现象，这一巨大的人口变迁集中表现为城镇人口急速膨胀、传统村落急速空心化，不少历史悠久的自然村落仅仅剩下老人和儿童。因此，传统村落的保护在中国面临的问题，与发达国家相比，具有共同性。例如，从“二战”后恢复到工业化时期，德国和日本先后进行的村落更新或改造项目具有几个明显特征：一是以激发村落内部活力、发展农村经济作为前提，以改造农村基本生活设施作为基础展开；二是村落更新或再造项目以土地管理法令的再研究作为保障；三是建立了学术界论证、公布更新或再造规划、政府支持的财政额度及投入指向、个性化改造方案与村民意愿表达的有效沟通机制，有效保护村落历史文化、自然风景、公共空间与私人空间等要素。综合来看，先行的国家特别注重传统村落的“民间日常生活”保存问题。

所谓“民间日常生活”的具体含义是什么？乃指传统村落村民群体的方言、交往方式、经济生产活动、衣食住行、生老病死、教育、节日活动、传统风俗、民间信仰活动以及区域性的传统手工艺活动等，以及上述种种的精神性、思想性、文化性、艺术性和物质性表现形态。长期以来，中国传统村落之所以成为民族文化的保留者和传承平台，核心在于保存着这个民间日常生活，它的内容和方式，在民间日常生活的基础上，方可承载不同样式、层次的民族文化。

之所以在这里提出将“民间日常生活”作为传统村落的文化基础问题，乃是因为看到目前对待传统村落的两种观点具有一定的欺骗性，并不同程度地主宰和误导了传统村落的基本价值指向。一种是浪漫主义传统村落观，一种是商业主义传统村落观。浪漫主义传统村落观把传统村落理想化、浪漫化，仿佛传统村落是用来怀旧的，象征着一切美好的自然与人类的和谐，田园风光，日出而作，日落而息，男耕女织，像是《桃花源记》里的武陵源，“不知有汉，无论魏晋”。但是，这不是民间日常生活；民间日常生活还包含在落后生产力条件下的温饱之苦、辛劳之苦，是传统村落里百姓的生活常态；生产关系之阶级阶层压迫、政治强权和无权地位，以及在自然面前束手无策，在兵灾、匪患和种种欺男霸女面前的悲惨状态，甚至中华人民共和国成立以来出现过的政治压迫、思想禁锢和社会运动之灾，是乡村浪漫主义者无法想象的，而这，就是大多数传统村落的民间日常生活。文人雅士，在欣赏田园风光和依依炊烟之时，能否探入茅舍，去看看灶台、铁锅和橱柜，去看看大量农夫、农妇的身影，他们是否仍然饥饿、寒冷？或者他们的孩子是在劳作还是就学？商业主义传统村落观呢，则直接把传统村落改造成伪古典主义的模板，打造成千篇一律的青砖瓦房，虚构出一系列英雄史诗和骑士传奇，或者才子佳人和神异仙境的故事，两者相嫁接，转化为商业价值或者政绩价值，成为行政或市场兜售的噱头，这一行为成为当下传统村落“保护”的常态。这两种传统村落观，一个共同的特点是把村落与民间日常生活相割裂，抹杀了民间日常生活在传统村落里的价值基础，从而，也直接把世世代代生活于这一场景中的村民赶出村落，嫌他们碍事，妨碍了我们的浪漫主义和商业主义梦想；他们不在场，我们可以肆意妄为地文化狂欢。那些在民间日常生活中久存的精神性的、思想性的、文化性的、艺术性的符号，均不在话下。但是，假如村民不在场，社群活力不再，传统村落如何是活态的呢？西方哲学有一个时髦术语，叫作“主体缺失”，因为主体缺失，因而话语狂欢。

关注传统村落的村民，无疑是中国传统村落保护的第一要素。但恰好是人这第一要素导致了传统村落的凋敝和乡愁的产生。

1990—2010 年这二十年，一些区域传统村落里村民流动性的增强，特别是青壮年村民向东部、东南部和南部沿海地区季节性的流动，极大地影响了这些区域传统村落民间日常生活的展开，减弱了传统村落的社群活力，也相应减少了传统文化活动的开展。这样，构成传统村落民间日常生活的内容慢慢演变成淡黄色、苍白色，成为一种模糊记忆，抑或转化为一年一度的春节狂欢，最后，演变定格成为日常性质的乡愁。民间日常生活不再完整地体现在现在乡村生活之中。那个完整的民间日常生活，在我们不得不离开它的土壤之后，便蜕变为乡愁。乡愁这只蝴蝶的卵，就是民间日常生活。而伴随着乡愁这只蝴蝶而出现的，却是一个个村落日常生活不断凋敝、慢慢消失。乡愁成为我们必须抓住的蝴蝶，否则，我们的家乡便消失在块垒和空气之中，我们千百年创造的文化便无所依凭。然而，据统计，在进入 21 世纪（2000 年）时，我国自然村总数为 363 万个；到了 2010 年，仅仅过去十年，自然村总数锐减为 271 万个。十年内减少约 90 万个。若是按照这个速度发展下去，三年、五年之后，我们的传统村落便无踪无影了。也就是说，出生和成长在这些村落而现在散居在世界各地的人们，将无以寄托他们的乡愁。若是其中有的村落有几百年、上千年甚至更久远的历史呢？若是其中有的村落有着华夏一个独特姓氏、家族、信仰和其他各种人文景观等等呢？

越来越多的学者开始从事传统乡村保护的研究工作，例如《人民日报》2016年10月27日发表了《老宅、流转、新生》为题的介绍黄山市探索古民居保护新机制的文章，还配发了题为《古民居保护，避免“书生意气”》的评论；《中国文化报》2016年10月29日发表了题为《同乡村主人一起读懂文化传承》的文章，提出了“新乡村主义”的概念，在它的题目之下，包含有乡村治理、乡村重建和乡村产业化的多功能孵化等内容。为此，文章提出了“政府制定政策方向、标准化编列预算，聘请专家团队和NGO组织，进行顶层设计、人才培育、产业孵化和公共服务”四项基本措施，还配发了《莫让古民居保护负重前行》的文章。《光明日报》2016年11月15日发表了题为《福建土堡：怎样在发展中留住乡愁》的报道，记叙了专家考察朱熹故乡福建三明尤溪土堡的过程；记者报道了残存的土堡现状，记录下专家们的意见：政府与社会资本合作的“PPP模式”，面对乡村人口日趋减少的不可逆现实，应该吸引城市中的人回到乡村，将土堡打造为“民宿”，在不破坏现有形制的前提下，实现功能更新。也有专家提出，就保护而言，首先应该考虑当地人，人的利益是优先的，只有做到长期发展而不是只顾短期利益，文化遗产保护事业才能够持续发展，等等。

上述建议，已经超越了简单的乡愁情怀，而诉诸国家土地法规、资金筹措模式、专家功能实现等层次。应该说，在越来越深入研究、讨论的基础上，对传统村落保护的思路越来越宽了，为政府制定传统村落保护法提供了良好的基础。在国家立法的基础上，国家、地方政府组织专家开展普查，确认传统村落的级别，分别实施不同层次的激活、保护、开发，才有坚实的基础。

我理解，通过专家学者的普查、认定，得出的结论一定会有利于政府形成健全完备的保护方案和具体操作措施。一方面，对仍然有社群活力的乡村，实施新农村建设规划，改善其经济机制，改建生活设施，改善村民的生活条件，把工作重点聚焦到提高农业产业框架基础、为居民提供更好的生活环境、增强村庄文化意识、保存农村聚落特征上来。另一方面，为有着特殊文化传承却逐渐凋敝，甚至失去社群活力的乡村，探索一套完善保护的工作模式，形成一种工作机制，并得到国家法规政策的支持和保障，包括土地规划、投资体制、严格的环境保护，建立严格的农民参与机制等，为保留故乡记忆、记住我们的乡愁，留下一系列艺术博物馆、乡村技艺馆，产生具有独特价值的“乡愁符号”。

作为“中国民间文化遗产抢救工程”的重要项目之一，《中国历史文化名城·名镇·名村丛书》正是通过众多专家学者和民间文艺工作者辛勤的田野调查工作，在中国民协推动的“中国传统村落立档调查工程”所积聚的海量信息基础上，多学科、多视角地反映当下古城古镇和传统村落现状，发掘传统文化的独有魅力，进而为保护和传承优秀传统文化积累鲜活的素材，汇拢丰富的经验并寻觅科学的路径。相信这套丛书的出版将对古城古镇和传统村落的保护发挥积极作用。

2017 年 3 月

（作者系中国民间文艺家协会分党组书记、驻会副主席）

芬芳“乡愁”彰中华（序二）

郑一民

站在21世纪桥头，审视中华五千年文明，由历代劳动人民创造并守护的数以万计的历史文化名村、名镇、名城，堪称中华民族可以在世界上引以为豪的珍贵国家财富。在经济全球化、现代化高速发展，城市化进程汹涌而来的今天，保护历史文化名村、名镇、名城，不仅是时代赋予当代国人的神圣历史使命与责任，也是中华民族屹立于世界之林、实现伟大复兴的必然选择。

一个古老的村镇或城市，犹如一位饱经沧桑、阅世甚深的老人，既有深厚的文化积淀，又承载着世代子孙魂牵梦萦的“乡愁”。在古村、古镇、古城之前冠以“名”字，其历史文化价值更是非同凡响。她们所承载的物质与非物质文化遗产，既是传递民族血脉和熏陶锤炼民族美德、优秀品格的重要精神食粮，也是构建社会主义核心价值观和具有中国特色美好家园的重要基石。在我国现代化建设快速发展中，科学记录和保护历史文化名村、名镇、名城的人文历史、自然风貌和各种原生态信息，是一件功在当代、利在千秋的伟大事业，对研究、传承、弘扬、创新中国传统文化和实现中华民族伟大复兴，具有深远的历史意义和重要的现实意义。

探究中华文明之河，始于涓涓，终于浩浩。历史文化名村、名镇、名城就是其中的“涓涓”，数以万计的“涓涓”才汇就中华文明的浩浩大河。作为“涓涓”，每一个名村、名镇、名城虽有体量大小之别，但都是一个自然的社会单元。她们是历代先人适应自然、利用自然、实现“天人合一”的见证，也是创造文明、积淀文明、传承文明的家园。其保存的年轮印痕、光阴故事、人生观、审美观、习俗信仰和生产、生活、居住方式等，犹如一部部五彩缤纷的百科全书，承载着民族的历史记忆和文化基因，闪烁着民族的智慧与品格，慰藉着我们的心田与灵魂，涵养着泱泱中华。从这个意义上讲，历史文化名村、名镇、名城是中华民族物质与非物质文化最大、最重要的载体，保护名村、名镇、名城就是保护中华优秀传统文化。

著名文化学者罗杨在论述古村镇保护时说：“人类文明的进化不能没有积累和继承，历史的车轮可以碾过如梭的岁月，但不应拆毁我们心灵回归故里之路。”遗憾的是，在经济社会快速发展中，对古村镇和古城的保护还没有引起世人的应有关注和重视，致使不少古村镇和城市古街区在既无完整文字记载又缺乏图片记录的情况下，便在时代洪流中消失了。针对这种现状，中国文联、中国民协在全国实施了“中国传统村落立档调查工程”。在此基础上，我们在中国民协和河北省委宣传部的大力支持下，于2016年10月在全国率先启动了《中国历史文化名城·名镇·名村丛书》河北卷的编纂出版工作。

《中国历史文化名城·名镇·名村丛书》是由中国民协承担并在全国组织实施的中国民间文化遗产抢救工程重点项目之一，也是继中国民间文学三套集成之后在全国开展的又一项具有重要影响的浩大基础文化建设项目。河北列入这项文化工程的历史文化名村有 190 个、名镇 18 个、名城 12 个。根据编纂方案要求，我们将对每个历史文化名村、名镇、名城单独立卷，力求以质朴、简明的文字，图文并茂的形式，从历史学、社会学、民俗学、建筑学、文化学等视角，客观、准确、简洁、鲜活地记述名村、名镇、名城的历史与现状，阐释每个名村、名镇、名城独有的文化内涵与价值，彰显河北历史文化名村、名镇、名城特有的魅力与精彩，惠及当代，传之后世。为了使读者检索、查阅、研究方便，本套丛书在编纂过程中将以“中国历史文化名村河北卷”“中国历史文化名镇河北卷”“中国历史文化名城河北卷”三个系列问世。

家园需要呵护，硕果需要众人浇筑。完成这

项浩大的文化工程，需要数以百计的作者和知识产权出版社编辑们几年的奋斗，无论是田野调查拍摄还是梳理编撰，皆充满艰辛与探索。但耕耘者向来是不怕困难的，硕果会因此更香甜，社会发展会因这些成果更精彩，共和国文化建设会因大家的奉献更加炫目！

俗话讲，金无足赤。由于编者知识水平有限，又无前人研究成果可借鉴，书中谬误之处难免，敬请各位方家和读者批评指正。

2016 年 10 月 30 日

（作者系河北省民间文艺家协会主席）

中国历史文化
名城·名镇·名村丛书

中国历史文化名村

河北大梁江 | 目录

022 引言

第一章
十里甘桃是故乡

028 晋冀交界一“大江”
031 历史沿革说古村
034 村落布局巧而精
038 集雨排污桥窟窿
043 阅尽沧桑老槐树

第二章
石头城堡大宅门

050 俯仰错落石头城

056 官房戏楼说古今
059 砖石木瓦巧做工
068 山中珍宝古民居
086 自然之神敬而畏

第三章
重文崇武一脉承

104 慎终追远承祖恩
110 尚武精神有传承
113 兴学重教文风存
115 士商医艺各有为
118 红心为民有担当

第四章
山秀景奇物产丰

122 村前一道南坡岭
126 村后高山耸入云
128 山林药材有佳品
132 好吃莫过农家饭

第五章
民俗民艺有讲究

144 传统习俗流传久

163 梁江节日程序繁

168 民间传说故事多

177 民间艺术放光彩

第六章
自力更生旺古村

188 愚公治山又治水

191 古村古韵谱新篇

197 后记

Famous Villages, Famous Towns, Famous Cities
of Chinese Historical and Cultural Series

The Chinese Famous Historical and Cultural Village

Daliangjiang Hebei | Contents

022 Foreword

Chapter 1
There Are Ten Li Sweet Peaches in Hometown

028 The Village is Located at the Junction of Shanxi and Hebei

031 The Ancient Village with Long History

034 Exquisite Village Layout

038 Qiaokulong Which Can Collect Rainwater and Release Wastewater

043 The Pagoda Tree Experienced Many Vicissitudes of Life

Chapter 2
The Stone Castle

050 The Stone City with Scattered Heights

056 The Guanfang and Ancestral Hall Which Witness History

059 Exquisite Brick, Stone, Wood and Tile

068 Ancient Folk Houses Are Treasure in the Mountains

086 Revere the God of Nature

Chapter 3

The Heritage of Civil and Military

104 Inherit the Kindness of Ancestors

110 The Heritage of Military

113 Attach Importance to Education and Enjoy a Prosperous Literary Style

115 Excellent Soldiers, Businessmen, Doctors, Artists

118 The Red Heart Is Responsible for the People

Chapter 4

The Great Mountains, Scenery, Prodcuts

122 The Nanpo Ridge in front of the Village

126 The Mountain behind the Village Rises into the Clounds

128 Excellent Mountain Forest Medicinal Materials

132 Delicious Farm Food

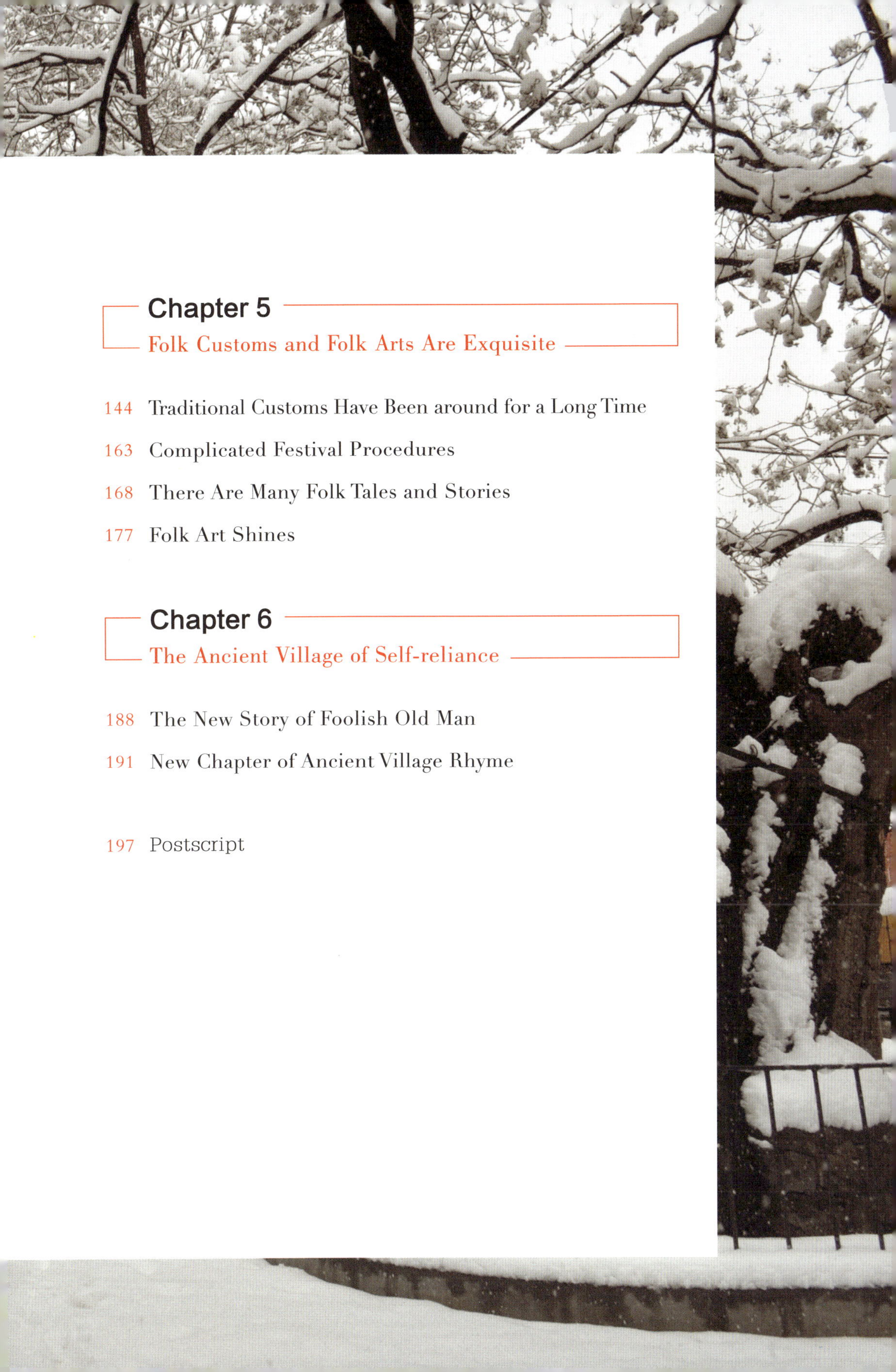

Chapter 5
Folk Customs and Folk Arts Are Exquisite

144 Traditional Customs Have Been around for a Long Time
163 Complicated Festival Procedures
168 There Are Many Folk Tales and Stories
177 Folk Art Shines

Chapter 6
The Ancient Village of Self-reliance

188 The New Story of Foolish Old Man
191 New Chapter of Ancient Village Rhyme

197 Postscript

引言

大梁江村位于太行山东麓，属河北省石家庄市井陉县，位于井陉县城西南36公里处，在南障城镇西部，属温带季风气候。这里有连片成群的古民居建筑，“晋冀合璧，巧采京华”，引人入胜。

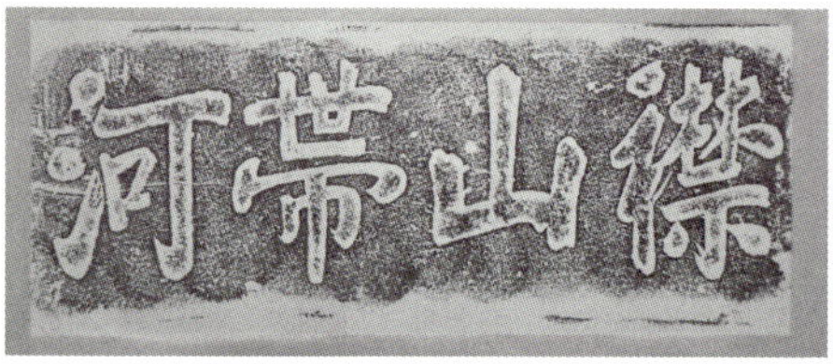

↑“襟山带河”

村口的匾额——“襟山带河”，一语道出了村庄的深刻内涵。大梁江地处晋冀交界的太行山腹地，全村365户，958口人，耕地1686亩，总面积8.8平方公里。平均海拔高度约500米，最高的山峰为山棱垴，海拔1000余米。土地全为旱地、山地，山上植被以灌木为主。农产品以玉米、谷子、红薯为主。

“襟山带河”是村口大门灵慈阁上的匾额，大山深处，仅这

↓“襟山带河”匾额

↑ 大梁江秋景

一个词，就让人感觉超凡脱俗。四个字恰如其分地概括了大梁江的村落特点，背山面沟，北高南低，整个村庄像是坐在一把圈椅上；灵慈阁东西两侧的土山岭犹如天然的两个手臂环抱村庄，又如衣襟合在一起，村前的河沟宛若玉带绕村而过，和谐安详。

大梁江村建在一个向阳、背风的大山褶皱里，位置偏僻，环境静谧，受战乱的影响较小，故明清四合院建筑群的古风古貌得以完整保存下来。大梁江堪称经典、保存完好的古民居共有162座。这些宅院就地取材，以石为主，依山势走向建在山坡上，高低错落，屋脊耸峙，檐牙高拱，集雄浑、精巧、秀美于其中，在这样的建筑

↓ 大梁江之春

群里游览，仿佛穿越时空隧道进入了古代的石头城堡一般。这些房屋鳞次栉比，井然有序，层层掩映，气势恢宏。其间，一条条山乡石铺小路在房屋的夹缝中曲折迂回，绿野苍树点缀当中，古朴、宁静、淳厚。

大梁江人才辈出，至清朝有五品以上官员7人、举人1名、秀才7名、监生23名、文林郎4名、处士27名。民国以来从事教育的老师79名。恢复高考后，村里出了大学生430名，研究生38名，博士生7名，有6人出国深造。可谓“深山出俊鸟，山沟里飞出金凤凰”。

大梁江村于2010年7月22日入选第五批中国历史文化名村，

↓ 大梁江冬雪

2012年12月17日列入首批中国传统村落名录，2014年被河北省民俗文化协会评为首届“河北省民俗文化名村”。近几年，大梁江联合周边村庄，在海拔高、落差大的太行山上修建了“井陉太行天路”，串联了中国传统村落保护区的27个传统村落，形成新的地标。

“八百里太行天下脊，大梁江民居甲太行。”今日大梁江，已成为集民俗考察、旅游观光、生态休闲、探幽访古、摄影写生、影视拍摄、研学实践等功能于一体的原生态古村落，也是开展爱国主义教育的重要基地，《战鼓传奇》《烈火中永生》《春戏》《抗日小英雄》等影视剧在此取景拍摄。

中国民间
文化遗产
抢救工程

THE PROJECT TO CHINESE
FOLK CULTURAL HERITAGES

幽悠的太行深处，石头的巷子石头的房，历经风雨的村庄，魂牵梦绕的地方。苍翠的老槐树下，爽朗的爹爹亲的娘，重文崇武的家传，一方水土的滋养。黄栌满山，连翘遍梁，十里甘桃是故乡，高亢婉转梆子腔，襟山带河大梁江。

↓ 大梁江全景

第一章
十里甘桃是故乡

晋冀交界一“大江”

井陉县南障城茶棚以西，以上游大梁江村为首，数十个村庄分布在一条长四十里的大沟内，人称“甘草沟”抑或“干槽沟”。“甘草”“干槽”读音相似而含义截然不同，却都与“水”的传说有关——刘秀封沟：刘秀赶路口渴而借水欲大饮，村里老太太撒干草节（喂牲口的草料）于水面，刘秀只能小口而饮，原来是为避免冰凉的井水刺激肠胃。无论刘秀怒而封“干槽”，还是谢而封“甘草”，着实说明“水”对于这里的重要。而这仅是传说，无据可查，唯“甘桃”却是有碑而记：甘桃—梁氏—大梁家庄—大梁江，一个家族，一个村庄，一道山沟，一条生命的大江。

“桃沟”与“逃沟”

据村中所存龙王庙碑记载，大梁江村在明时属山西省太原府平定州承天都管辖，名为甘桃沟。出固关连接河北、山西的一道山沟两侧坡面，草木繁盛，尤以桃树为多。早春之际，万物复苏，桃花盛开，淡雅清新；初秋之时，园桃尽挂，果实甘甜，因此此

↓ 大梁江村坐落在太行山脉山坳里，处于河北和山西交界

沟得名“甘桃沟”。而此村更因出产桃而名声在外，故命村名为“甘桃村”。

↑ 太行深处晋冀交界的村庄，当年的桃沟

甘桃之名自有其源。据说当年武王伐纣，纣王大军虽多，但人心涣散，不愿出战，很快便溃败了。纣王的军队里有三名士兵——甘丁、陶丁、苟丁，三人受不了行军作战的苦楚，渐渐心生不满，更不愿意为暴君纣王打仗，便偷偷溜出了军队，躲到深山老林里避难。三人每天吃些树上的果子充饥，晚上就睡在山洞里，裹上一些稻草御寒。深山之中的桃树不少，有的树结的桃子甜，有的树结的桃子苦涩。三人吃到甜的桃子，便将核埋入土中，时间久了，附近便形成茂密的桃林。三人躲藏的地方也被后人称为“桃沟”。

桃沟，也作逃沟。历代战乱，就有不少难民逃到这里避难。到秦朝，这深山里定居了一些难民，据查最早是赵家，定居在赵云沟。后来又有康家，定居在康家沟；芦苇沟也定居了一些逃难的人。到了汉朝，已有以耕为主的农户，在程家坪、杨家坪、马家坪

等庄定居，到唐朝已有八个庄，两百余人。目前，大梁江村保留较好的散庄（自然庄）有桥沟、窑洼、赵云沟、罗圈、桃树洼、芦苇沟、觉巢、程家坪、门前头、窑北等，这些地方都有古人留下的灰炭火色和房屋遗迹。可见这伟岸的大山曾经收留和庇护了多少逃难而来的人！

“梁家”与“梁江”

明万历年间，从山西平定县城西棋盘街迁来一户梁姓人家，在甘桃村定居。当时的康、王是当地的名门望族，梁氏先祖梁标艰难创业，渐渐扎下根来。自此，梁氏子孙不断繁衍，家族逐渐兴旺起来。清中期，梁氏更是出了一个武举人梁深，自此梁家成为本村望族。据梁氏家谱记载，自明代迁到本地，距今已有400多年历史。梁氏是继原住康氏、王氏家族之后迁来本村最早、人口最多的家族。本村中街、西街、上街、下街及古村周围都有此家族人口居住，故在清代改村名为“大梁家”。另外，邻村小梁江，山西平定的企明、白灰、青岩坪，以及石家庄鹿泉梁庄等地，均有其族人定居。后来，由于当地严重缺水，盼水心切的村民就将村子改名为大梁江，意思为期盼雨水丰沛富足，实“梁江”为“梁家”方言读音的走转，在农耕时代，当然也更是表达了人们对水的向往。由于自然原因，村中自古水源奇缺，人畜饮用及粮食耕种皆靠天降雨，故村民皆惜水如金，盼水之情代代相传。大梁江的村名即源于人们对水的珍惜和对雨水的期盼。梁姓在本村逐渐壮大，绵延至今，梁姓已占了全村人口的90%。1959年，大梁江连同附近的四个村一并由山西平定县划归河北井陉县，但大梁江仍然保留了不少山西的民风民俗。

历史沿革说古村

河北井陉大梁江位于太行山东麓中段的崇山峻岭之中。井陉地形四周山脉绵亘高耸，包围着中间的丘陵、河川，“燕赵谓山脉断开处为陉”“四方高，中央下，如井，故曰井陉”。古时有井陉口，为太行八陉之第五陉，天下九塞之第六塞，是西入晋中、东进冀中的咽喉。地势险要危峻，为历代兵家必争之地。

春秋时期，归晋国管辖。战国时期又同属中山国。三家分晋后属赵地。隋文帝开皇十六年（596）于井陉置井州，并在西部增设苇泽县（井陉西部和山西平定东部的娘子关），归井州管。隋炀帝大业元年（605）撤井州，废苇泽、蒲吾二县，并入井陉，称井陉县。隋末义宁元年（617）井陉升为井陉郡，又恢复苇泽县。

井陉县西南四十里，有古井陉口（今固关），为直隶要害，明正统二年（1437）始名故关，后改为固关，设官守参将一员，守备一员，千总一员，把总一员，马步兵若干。嘉靖二十一年

↓ 大梁江古村落

（1542）设井陉兵备道一员，提督固关等处。

明代归山西省冀宁道太原府平定州管辖。清代由平定县安平乡管辖（清代实行都村制，县下领乡、乡下辖都、都下统村，全平定县计5乡17都212村。当时安平乡辖承天都、三贤都、白泉都、盘石都等，承天都统帝都、娘子关、坡底、董寨、河北、会里、镇里、城西、冯家峪、甘桃沟，共10村）。

民国时期，属平定县第二区，大梁江为主村，辖小梁江、王家岭、青岩坪、企明、花石、北青等属村（民国实行区村制，全县分5个区，区下统村，区设区公所，区长由县委派，村设村公所，村长由村民推选，主村辖若干属村，村下为闾，闾下分邻，由邻管户，全县181个主村。在第二区就有主村34个、属村111个）。

↓ 村庄大门

1950年3月平定县划为11个区，辖357个村，第七区（驻固驿铺）辖柏井、槐树铺、旧关、大梁江等23个村。

1953年属县直辖乡（此时实行区乡制，全县划分为5个区，辖乡46个，另还有69个乡为县直辖乡，大梁江就是县直辖乡，计115个乡，乡下统村，计341个村）。

1956年至1958年，再设梁江乡，乡驻地在大梁江村（此时实行乡村制，全县62个乡，辖316个村）。梁江乡辖大梁江、小梁江、王家岭、企明、花石、青岩坪、北青。

1959年，梁江乡的大梁江、小梁江两村划归河北井陉县。初归井陉县属城关地区长生口乡，乡驻地在长生口村，后划属障城地区支沙口乡，乡驻地在支沙口村。人民公社时期属支沙口公社，公社驻地支沙口村。现为南障城镇大梁江村。

↑ 古巷如玉

↑ 古舍俨然

村落布局巧而精

大梁江村落选在群山环绕的地域，东至小梁江西河口，西至青岩坪西一里处，南至北青庄，北至樊家岭。村北太行山有三条分支，大梁江村位于中间分支上，所以当地老百姓有个顺口溜“大梁江赛过金銮殿”。其所处的环境非常注重“纳”与“藏”的关系，即村落的主要入口方向相对开敞，表示能“纳”天地精华之气；山势围合的生活环境形成半开敞空间，起到“藏”的作用。建筑选址结合地理条件，顺应自然，在建筑上“借天不借地、天平地不平”，依山就势，在起伏的地形上建造房子，减少

↓ 山峦辉映下的古民居

对地形的破坏。

↑ 巧用地势，步步高升

“通”与“聚”

大梁江的立村环境，其实是一个有文化空间的建筑过程。民居与公共建筑巧妙穿插，既“通气”又“聚气”，通气得有通道，聚气就须迂回曲折而避免直冲。古老的大街和巷道无不体现了回避直冲的用心。古老的公共属性设施，不仅与风水有关，更和村落社区的社会文化生活密不可分。村前的关帝阁，村中功能齐全的各种庙宇及娱神兼自娱的古戏楼、古井、蓄水池、祠堂、排水沟，这些古老的公共建筑均为村落文化空间的建筑，发挥着各自的作用，显示出村落内部的功能多样而齐备，基本上自成体系、自给自足。

公共建筑及空间

公共建筑及空间有两种。其一是生活、生产性设施。如古水井、蓄水池及各种排水系统。大街巷道蜿蜒曲折、多有迷局，兼有公共交通、排水和防御作用。村民重要的礼仪民俗活动，常以街巷为中心举行。“场”是任何古村落必备的，最初用来对农作物进行晾晒脱粒，同时也是村民聚会举行公共活动的场所，戏楼及广场更是村民聚集休闲的中心。庙宇、祠堂是人们进行祭祀的区域。其二是防御性公共建筑。主要是村口的阁，它高于民居，既可瞭望，又可御敌。此外，高大的走马门楼、坚固的宅院墙壁，绝少对外开设的大窗以及曲折的街巷，均可以从防御体系的角度去理解，这些完整、绵密、坚固而封闭的防御体系，反映了村落在历史长河中曾有的富足以及村民身处乱世的不安。

大梁江村落空间文化，其内涵是颇为复杂的，既表现在诸如街巷、路墙、关阁及河沟、高山等可视部分，也表现在诸如方位、均衡、对称等不可视部分。若仅以防御而言，除这些实体防御建筑物外，还有着借助高筑庙宇、街口的“泰山石敢当”和民居诸多风水因素而存在的“无形”设防。

古民居建筑理念

同村内的公共建筑一样，大梁江古民居既有生活、生产功能，又有防御功能。这里四合院、三合院占绝大多数，其向心性、轴线对称性都不受山体坡地的影响，反映了阴阳、均衡、中和的传统文化空

↓ 青瓦古屋

间心理，以院墙围合形成的建筑空间，体现了我国传统文化的庄严、肃穆感。

↑ 古村人家

大梁江村完整保留了明清传统建筑风貌，乡土民居、文物古迹等建筑连片分布，超过村庄建筑的90%，较完整地体现了明清人文地理的传统特色。其选址和格局有明显的山区地域代表性。古人对自然环境的利用，与生产生活有着密切关系，这些完整地反映了井陉的历史文化背景。

这里作为明清古聚落，名副其实，即使近代以来多次战火弥漫，也未能影响传统的乡土社会内在结构，乡土传统断断续续、时强时弱地保持着、传承着。一些标志性乡土文化更加成熟并相沿发展，如这里的戏台以及所承载的民间文艺活动。村落还拥有多种传统特色的非物质文化遗产资源，特别是晋风东渐的省市级非遗代表性项目，至今仍以活态延续。

社会现代化不断发展，作为古村落标志性文化的各种活动和实物也呈现了边缘化趋势。古村落的个性和地方色彩逐渐淡出也是不争的事实。特别是在平原地区，古村落文化早已变为“稀有文化”，想逃避城市刻板生活的市民阶层，将兴趣转移在似曾相识的乡土、田园，古村落重新被关注，村落文化作为城市生活的根，引起更多人的研究兴趣。如此，大梁江，无疑是“梦里老家”的最好载体。

集雨排污桥窟窿

大梁江民居高低错落，布局紧凑，每遇大雨但从未被淹，这就是古时整个村庄科学合理规划排水工程的功劳，最典型的就是依然在使用的下水道工程。

村民们在修盖房屋时，先在沟上券起石拱桥，把地基修补平，再在上面建房，每家一段，一直延伸到旧村外。今天，人们走在街上，会看到有许多院落低于大街，但院中的雨水依然能排掉。这就是下水道的功劳。夏天下雨，或人们往院角的水壕里倒废水，这些水顺流而下，直接流出村外，就是利用了这个精心设计的下水道。乡人称其为“桥窟窿”。

桥窟窿

桥涵类的石头拱券式建筑，俗称“桥窟窿”，是大梁江村排水的主管道，全长300余米，途经大梁江村多处街巷，与各家各户的地下水道相连。主管道另一头设在村口，凡遇暴雨洪水，多余的水可自动通过管道排出。地下水道高处达2米左右，宽处达1.5米，窄处0.8米，宽处可两人并行，低窄处仅容单人屈身侧体而过。南北落差12.5米，全用石头砌成，大多为拱形，始建于元朝。据史料记载，因大梁江村排水设施科学合理，有“洪涝不遭淹，战乱可藏身”的用途，因此桥窟窿又有“平战洞”之称。这一“地上承载建房行路，地下担负排水行洪”的乡土建筑工程，其设计之机巧、布局之合理，可见大梁江先人的聪明才智。

俗话说，一方水土养一方人，大梁江村虽然没有足够的水，却有山，有石有土也有人。人要生存总会想出办法来，从建村开始，村里人在建房之时，首先考虑的是水，包括蓄水、排水，所以总是先把水窖的位置选好、建好，再大兴土木。一般每家每户都在青石铺好的院子里留有一个一尺见方的取水口、一个入水口和污水道，取水口和入水口与家中水窖相连，污水道与村中排水主管道相通。每到下雨时节，先把入水口堵住，让流在院子里的雨水把脏东西通过污水道冲走，再把污水道堵起来，让干净的雨水通过位于低处的入水口流入水窖之内储存起来，供全家人一年四季吃水洗漱。

到了冬天，气候干旱，无须排水，好奇的大人孩子就钻进这下水道的桥窟窿，他们发现：刚进口时可站立行走，往里走是一窄缝，行进时须侧着身子挤过去，这一段叫鸡毛巷。再往上走场面又

↓ 桥窟窿——大梁江古下水道

宽大起来，人可猫着腰前进，这段叫大栏上。最后一段既小又窄又低，行进时，须爬着过去，这段叫小栏上，人们可手足并用，从入水处爬出洞口。

炎热的夏天，身处桥窟窿洞口会感到阵阵凉意。过去女人们来这里纳鞋底儿、搓麻绳，图的是手不出汗。如今村民们仍在这里纳凉、吃饭，有的会在这里做针线活、聊天，好不悠闲自在。地下排水地上建房，几百年来泄洪排污，历经地震、水涝、风雨侵蚀，仍完好如初。大雨天在街区走过，你会看到，老村里所有院子里的雨水都不会流到街上，有些院落地势低洼，但院子里没有一点积水，所有的雨水、污水都从地下排走。有村民在入口处倾倒垃圾，但多少年来不用维修，从未淤积堵塞，因为其落差大，雨水形成巨大的冲刷力，垃圾也会随着水流被冲走。河水上涨时，站在庙坡，只见桥窟窿口，河水汹涌澎湃，激起丈许的波浪，蔚为壮观。这个不为

↓ 古村老街

外人见的地下工程，也许不够宏伟，却显示了先人的智慧与远见。

几百年前的祖先就设计了如此完善的下水道，人们不用水泵抽水，不用安装水管，让水顺流而下，不会污水漫流，深宅大院也不用出大门外倒脏水，还有环保作用，卵石小路保持如此清洁，恐怕别处少有。

↑ 古井

积水井

大梁江街道沿途及周边，还有一些或木或石为盖的积水井。这些石头古井，深者百余米，浅者数十米。据传，这些井多数开凿于明代建村之初。村阁内道旁的石井为大梁江第一井。据说，此处地质为“一块玉”，即整体为坚硬的青石质石灰岩。从开凿到竣工，从顶部至井底，仅容一人一锤凿，以“歇人不歇马”的方式连轴转凿击发掘，由此可知凿井掘泉之艰辛、山里人惜水如油之真情。

↑ 古井和蘑菇形井盖

“前人掘井，后人饮水。”饮水而思源。什么是“井”？单就字面讲，井是从地面向下挖成的能取水并多以砖石

↑ 古井

砌壁的深洞。其实井是生活的符号，井是家乡的象征，井是一种忆念。人们常用“背井离乡”来描述出门在外，我们从中或许可掂量出，“井”在人们心目中的分量。

集雨给水

大梁江由于地下水缺乏，居民生活用水主要依靠收集雨水，是科学节水典范。在建村之初，村民针对自然环境特点，经过长期探索，形成了当地独特的取水方式。即在各自院内挖建井、窖、池等蓄水设施汇引降雨，延续至今已有400多年历史，目前仍在广泛使用。水窖形似酒坛，最大直径约4米，深约5米，取水口大小约0.4米见方，水窖容积约40立方米。窖底用灰渣夯实，水窖周壁以石块砌制，雨水在水窖内通过沉淀、矿化和消毒后即可饮用。为避免对古村落中传统的街巷路面挖改而破坏街巷历史真实性和景观风貌的连续性，现在基本沿用传统的取水方式；村庄新区内也采用传统取水方式。

雨污分流

大梁江排水采用雨污分流制。村落内地势坡度变化较大，总体上北高南低，汇水面积较小，历史上利用石街石巷路面排除雨水，雨水经道路汇集到大梁江南侧的排水沟内。有的地段上面建房，下面用石拱建成排水通道，形成了完整的排水系统，没有雨的时候，当地儿童可沿着这些通道嬉戏玩耍，也是当地的一大特色。村落中的污水主要为生活污水，厕所多为旱厕，过去的生活污水和粪水人们都用以积肥，几乎无一浪费。

阅尽沧桑老槐树

大梁江村口有棵老槐树，据专家考证距今已有1300年历史，是大梁江最古老的生命、最直接的历史见证，被称为“唐槐”或“龙槐”。老槐树树身粗大，要三五个成年人牵手才能合围，树身表面的部分皮层已然脱落，一条条粗壮的筋骨暴露在阳光之下，一条条刀削般的褶皱深深地嵌入其中，像一位饱经风霜的老人。树心中空，一部分依然顽强的树皮从地下吸取营养，滋润着头顶一方依然枝繁叶茂、绿意葱葱的华冠。整个树身在经年的生长中微微地向东南方向倾斜，一座青石雕琢的小牌楼紧紧依附着它，支撑着它那快要倒下的身躯。蓝天丽日下的枝叶或粗壮或纤细，迂回盘绕，似游龙戏凤，似猛虎摆尾，似梅吐新蕊。

↓ 古树逢春

据老辈人讲，记忆中那棵老槐树一直有那么粗，不同的是以前的树，枝叶繁茂，犹如南方的大榕树，那繁茂的树枝向北展开，像一个大鹰展开翅膀，覆盖了大半个村子，难怪老人们说："以前的夏天，咱村不热。"长长的树枝向南延伸，能越过河槽，伸向对岸，宛若一把撑开的巨伞，护佑着大梁江。

然而这把"伞"却曾遭破坏。1937年抗日战争全面爆发，临近的山西旧关村很快就有了日本人的炮楼。日本兵三天两头来骚扰，不是抓壮丁，就是抢粮食。有一天，炮楼上传下令来，限三日内送来一百驮柴火，不然就要血洗大梁江。村里人为难啊，因为那时人们烧不起煤，只能烧从山坡上割来的柴火，可山上的柴草，一来被人们割光了，二来天旱没有长起来。为了保护全村人的性命，村民们经商量决定：锯掉村口老槐树交差，丢树保人。就这样，一棵遮天蔽日的保护伞，成了光秃秃的和尚头……

↑ 老树新枝

老槐树为百姓舍生忘死，百姓也将它供为树神，全村人就像保护自己的性命那样保护着老槐树。神奇的老树居然又发芽了，尽管全身5/6的树干枯朽，但那1/6的树皮上又长出新枝，开了新花，结出槐米。本来槐米可作染料，可采下来卖钱，但村民们没有一个去采的，更不让外人去采，树枝又在渐渐长大，那片1/6的树皮，哪能支撑这日益扩大的枝叶，人们为它支起了两根擎天柱，修起了保护圈，雕刻、美化，当是给老态龙钟的老槐树做了支撑的手杖。

还是那棵老槐树，经过几十年的风雨，又撑起一片蓝天，以顽强的生命力，焕发了青春，给人们带来新的春天。如今这主干部分的树皮仍然健康地生长着，又成了古槐的主干，几枝树枝也盘根错节，枝繁叶茂。从不同角度看这古槐会有不同感受，有人形容它像蛟龙腾云驾雾，像巨蟒盘旋回绕，像雄狮日夜守护着大梁江村民，更像展翅的凤凰，向着高远的晴空飞翔，阅尽沧桑的千年老树，早已成为大梁江的精神图腾。

↑ 枝繁叶茂

一棵老树就是大梁江最美的风景，槐荫遮地，福庇子孙，花香四溢，德传千载。春天，老树新绿，嫩绿的枝丫让整个村庄都洋溢着春的气息；夏天，高大的树冠像一把巨伞遮蔽炎炎烈日，带给人一片清新，一抹凉意；秋天，小小的圆圆的树叶由绿变黄，一个色系会有千百种色差；冬天，叶子回归泥土，只剩下那些利索的枝丫，老树拱起的脊背沧桑了许多，有雪落上来，便又增添了一种情调，腊月里挂灯了，老树也被装点一番，喜气洋洋，一派老寿星的感觉，它在等着正月里的孩子们回来给它“拜一拜”。

老槐树下，也是村里最热闹的地方，平常，人们三五成群聊聊天、下下棋；赶集的日子，人们会在这里摆摆摊，有新鲜的商品，时不时还会有人吆喝两嗓子；傍晚这槐树广场就成了广场舞的场地，一群人随着节奏欢快地舞动，老槐树幸福地看着他们，一派祥和。

初春古槐

春意盎然

别有洞天

玉树琼枝

老态龙钟

冬日休眠

南山古槐

老槐结籽

中国民间文化遗产抢救工程
THE PROJECT TO CHINESE FOLK CULTURAL HERITAGES

大梁江村一直流传着“企明州，花石县，大梁江赛过金銮殿”的说法，企明、花石都是大梁江西部的村庄，企明比花石大，大梁江又比企明大。大梁江不仅村落面积大，村中还有不少远近闻名的民居古建筑，即使是与京城的金銮殿比也毫不逊色。此话虽有些夸张，却体现了大梁江人的底气和自信。

↓ 恢宏古村

第二章
石头城堡大宅门

俯仰错落石头城

大梁江虽然只是个村庄，却是远近闻名的“石头城”。首先，从村落布局来看，村口有关帝阁作为“城门”，两边土墙就是城墙，老村口有五道庙，廊房在古代是集体办公室，还有三条石头大街和古戏台，设施上有乾隆年间在龙王庙前面建的官窑，相当于现在的集贸市场，每逢庙会和大型祭祀活动时，本村和外来客商在此买卖商品、杂玩卖艺、修理农具，等等，河沟两侧有南、北店坊，人来人往热闹非凡。村中南窑有榨油坊，西街有银匠铺，后地场有酿酒坊、做醋坊，赛场、场台场有碾磨坊。瓦窑坡有烧制砖瓦作坊。大门里有当铺、药铺、杂货铺。这些商铺、店房、加工坊足

↓ 石头城堡

以见证大梁江村当年经济繁荣。村里的许多碑记除了记载本村人名外，还记载着周边地区的捐款，如近的有小梁江、吕家、蒋家、支沙口、企明、花石、青岩坪，远的有核桃园、于家、旧关、固关、甘桃驿。捐款数额较大的如固关苏门吕氏就捐了两檩古戏台石柱子，足见其家底之厚、心之诚。更远的还有京城、盛京、张家口、粤东等地的商号，真是八方来财，可见大梁江村当时的繁华。

↑ 石子街道

其次，村中街道、建筑、农具多以石头做成，宛然一座“石头城堡”。村中泛着黑色光亮的石子街道高低起伏，纵横交错，共有三街八巷，总长3700米。穿行古街道上，犹如穿梭在石头迷宫之中，一座座石头宅院，讲述着各自的传奇。专家说，走在这卵石小路上，能按摩脚板的穴位，使人健康长寿。怪不得这里老寿星很多。

↑ 石头宅院

石臼、石磨、石碾是加工粮食的基本器械。石臼历史最为久远，村中中街、赛场、掌沟、场台场等多处有石臼。石槽，有些人家现在还在使用。石碾、石磨，用人力或畜力

墙扶着墙

中街卵石路

走向村口的小路

中街大门里段

石屋童趣

中街卵石路

走向古戏楼的小路

拉动，村中现存很多，几乎随处可见。石窑、石柱，连下水道都是石头砌的，入水口是石头篦子。石头无处不在，不仅体现了厚重，更彰显着灵光。

石碑木匾旧戏台，古井石窑砖木楼，在时间的流光里阅尽沧桑，一百多座明清四合院巍然屹立，九庙一祠传统沿承，三套梁氏家谱传承至今，在寂寥的空间中闲谈风雨。漫步在村庄街巷中，圆润的石头尽显青白，在阳光的照射下闪着光泽，走上去，踏实而又亲切。

古村落主要有3条街道、8条巷子。其中上街长155米，下街长411米，中街长410米。街巷宽2~4米不等，有的更窄，仅容一人通行，全部用青石和卵石铺成，凹凸有致，形态丰富，不拘一格。街道高低错落、纵横交织，奠定了古村落的空间形态基础。

↓ 山中石头城

街巷路面两侧石头房屋依高就低、顺势而建，沿街巷行走，犹如穿梭于石头迷宫之中，更添沧桑古村的魅力。这里有完整的明清建筑群，这里的院落，兼有北京四合院和山西民居的双重特色，俯仰错落，古色古香，有着深厚的历史感。房屋以石材为主，辅以砖木，有的粗犷奔放，一派农家淳朴风貌；有的精雕细刻，雕梁画栋，显示着大家族富贵之气。这些四合院，院院相连，放眼望去，一座座挺拔的屋脊鳞次栉比，恢宏的气势扑面而来，俨然一座完整的石头城堡。

↑ 花草小巷

↓ 下街石径

官房戏楼说古今

官房

官房乃一村之政治文化中心，大梁江官房既是一座完整的四合院，又是一个村中央的文化广场，每逢庙会节日，对面的戏楼上都会唱大戏，人们从四面八方赶来，赶庙看戏。

官房位于上街和中街交会的地方，这里像是一座大的四合院，上房为全神庙，坐北朝南；对面是古戏楼，阁上有楼，阁下是路；庙和阁之间，是宽阔的露天戏院，可以容纳上百人；院子的东侧是三间廊房，放置物品或休息而用，曾经一度作为村中学校；东北侧是通往大宅院的后门，可一人通行；西北侧台基上有一口老井，平时有石板盖着，不仅可以收集雨水，作为官房用水，还是戏楼

↓ 老槐树、戏台、廊房

天然的扩音器；西南侧一棵老槐树，高大青翠，浓荫蔽日；西侧是三间石窑和公厕，门前有主大街穿过。由此可见，这里不仅是一个相对闭合的村民文化中心，又是一个相对开放的十字路口，可聚可散，开放自如，让你不得不惊叹于大梁江人的智慧。

↑ 官房古树

古戏楼

古戏楼建于清乾隆二十年（1755），位于五道庙背后，对面是全神庙，属于官房的重要组成部分。戏楼分上下两层，楼下是阁，阁上有楼，上层唱戏，下边走人，空心的戏台底座，还能起到扩音的作用。戏楼面阔三间，最前面是四根整根青石立柱，厚重结实，立柱之间有石栏板相连，石柱上镌刻两副楹联，抒评戏剧人生，淋漓尽致，其一曰“可删可存格外文章圈外注，不真不幻水中明月镜中花”；其二曰“莺歌凤管欣听月窟音声，虎节龙旌喜看蜃楼景色”；戏楼屋顶为卷棚顶，筒瓦坡檐，造型美观；戏楼内部有木制屏风，正中有大匾“阳春白雪”，屏风将戏台分

↑ 老槐树和全神庙

↑ 古戏台

↑ 古戏楼卷棚顶和后台流水槽

↑ 古戏楼下的门洞

为前台后台，台前文舞场伺候，锣鼓一响开戏了；后台演员化妆扮戏，后墙有孔道，为演员卸妆洗脸倒水而用，一应周全。

古戏楼有四根大石柱，高273厘米，厚30厘米，宽27厘米。“本村善人康文施柱2檩，固关苏门吕氏施柱2檩”（由直隶入晋的第一个驿站叫甘桃驿，大梁江村旧称甘桃沟，甘桃驿西1千米是固关），如此沉重之巨石从西栈坡起出石料，等到冬天，泼水成冰后，在冰上一步一步人工运回，实属不易，令人惊叹。

整个戏台分上下两部分，戏台底座为石拱阁，既可行人又可流水，更重要的是台身较高，使观众都能看见。北面为全神庙，和古戏楼相对，庙内没有固定神塑，只有神像台。这里平时空着，逢年过节、赶庙唱戏时将各路神仙，请回庙中，请他们一同看戏，结束后再送回原地。有时举行大型活动，如制定重大事项、祈雨等时也将相关神像请到庙内供奉，以求神佑。东面有廊房三间，原是集体场所，重修于康熙五十八年（1719）。民国七年（1918）将庙和廊房改作学校。有人说老戏台修于康熙十三年（1674），有待考证。

砖石木瓦巧做工

山的屏障形成了天然的阻隔，加上地处偏远的晋冀交界，因此大梁江村能历经数百年沧桑而极少遭战乱之灾，古风古貌得以完整保存，至今有保存完好的明清古院落160多座3000多间房屋。

梁氏家族历来注重文化教育，坚持耕读传家、重文习武的传统思想，先后培养出多名优秀人才。如清代，乾隆年间的武举梁深、秀才梁润，另外还有多名武生、庠生；在医界也出现了被誉为“神医”的梁懋选。清朝中后期，由于受晋商影响，家族中又涌现出多名商人，他们在北京、张家口、沈阳等地创立商号，计有14家商行。比较著名的是北京的“洪顺长”皮行，有京城“半道街”之称。此外还有商号“自承恭”的，他们从口外的呼和浩特、二连浩特等地收购羊皮、牛皮等运到京城梳理加工后，再销售到北方各地。经商成功后，返回家乡大梁江，投资兴建了许多石头宅院。

四合院

村中的院落以砖石四合院为典型，一般院落北面是正房，东、西两侧有厢房，南面是大门和南房。正房中间一间为客厅，左右两间为长辈居住的卧室，东西厢房由子女居住，南房多为储藏

↑ 四合院

室。其中最具代表性的为一些四合楼院。这些四合楼院建于明末清初，三面是楼。正房下层为石券洞室，居室高大宽敞。整座建筑古朴典雅，偏正侧倚，错落有致。登上石阶，即到正房楼上，正中为四扇花棂木门，两根明柱分立左右。门口前面建有几十厘米高的短墙，短墙上全部安装着花棂窗扇。中间院落前窄后宽，呈八字形，小院内全为青石铺砌，显得十分干净整齐。宅院大门开于院落的东南角，上有门楼，下有门洞，筒瓦飞檐，宽阔高耸。门槛两侧是石雕门墩，门外一侧设有拴马石、上马石。两扇黑漆大门上嵌有两对古式门钹和门环，门板上横着四行球形圆钉。

大梁江村的四合院整体布局独特、功能划分明确、建筑结构新颖，是大梁江村民居建筑的典型。大梁江村的民居，既有个性，又不失共性，形成灵活多样而又和谐统一的建筑风格。

石头砌筑

大梁江村的房屋墙体材料以石材为主，有的原石未动，有的錾迹寥寥，有的粗犷奔放，一派农家淳朴风貌，还有的精雕细刻，于淳朴之中隐藏着富贵之气。这种石

↓ 错落石头房

头建筑主要采用叠梁式木构架支撑。建筑的墙体除了石头外，还有当地烧的青砖。石材取于当地，砌筑方法有干砌和浆砌两种。干砌当地采用“层赶层”的砌筑方法，也就是一边开采石板，一边砌筑，这样使砌筑的墙体还可以按照石层原来的顺序排列，因此砌筑的墙体不仅平整，其整体色彩和石头纹理也相当一致，房屋的外观更加协调美观。还有一些房屋的石头，主要采用溪沟和河床上散落的石头做建筑材料。由于石头几何形状的不规则性，其砌筑方法主要采用浆砌法，浆材主要由石灰、黄泥、河沙构成。砌筑形式除墙体大角用较大、较厚的石头平砌外，还有“自然式”砌筑形式。“自然式”砌筑方法对于采集的石头几乎不作任何加工，随形自由砌筑，空隙主要由浆材填充，砌出的墙非常自然。屋顶用当地烧的筒瓦建造。

↑ 墙体样式

吉祥装饰

大梁江人创造了辉煌灿烂的建筑文化，这些文化，很多都反映到建筑的装饰上。人们采用象形、会意、谐音、借喻、比拟等手法，创造出丰富的装饰造型、图案及雕饰题材，凭借艺术语言来寄

石雕门墩——双喜临门之牡丹富贵

石雕门墩——双喜临门之菊开万寿

石雕——花开富贵

石雕——喜鹊登梅

古色古香

门锁

木雕门窗格

木雕——松竹梅岁寒三友

滴水

石鼓门墩（北侧）

石鼓门墩（南侧）

院内影壁

硬山顶

拴马石

垂花门楼大门石雕“福”

垂花门楼大门石雕“寿”

↑ 垂花门楼石雕“瑞兽”

托对幸福、美好、富庶、吉祥的向往和追求。这些图案和造型丰富而又洗练，朴实而又高雅，使人百看不厌、玩味无穷。

大梁江四合院建筑的屋脊、梁柱、栏杆和门窗都讲究雕刻装饰，建筑的装饰表达了大梁江能工巧匠们精湛的技艺和深厚的文化底蕴。四合院的雕饰图案以各种吉祥图案为主，如以蝙蝠、寿字组成的“福寿双全”，以插月季的花瓶寓意“四季平安”，还有“子孙万代”“岁寒三友”“玉棠富贵”“福禄寿喜”，等等，展示了大梁江人民对美好生活的向往。

↓ 镇宅砖雕兽

↑ 福禄砖雕

↑ 门头门沿的福禄花

山中珍宝古民居

大梁江人深受晋商文化的影响，外出经商的历史十分悠久。特别是清末和民国初年，许多村民受地域影响，随同山西商人赴北京、张家口等地进行商贸活动。这些商家在京城赚钱后，返回故乡建造“仿京四合院”上百处。这些石建民居气势恢宏，朴实中透出豪华，小巧中显露富贵，成为大梁江历史文化重要的实体组成部分。这些院落依山而建，大部分院中有院，院里有楼，楼上有楼，楼顶有院，楼能通楼，院又通院，其构思之精巧，造型之堂皇，日常之实用，皆不愧为深山沟里的大宅门。

大梁江村子不大却因其古民居建筑群古朴而闻名遐迩，引得全国各地的艺术家不远千里来此写文作画，众多媒体纷纷前来采访。村里百余座四合院无不展示着京式风味、晋地流韵。

↑ 福寿楼三层

福寿楼

福寿楼为一座形似阁楼的三层石楼，是大梁江的标志性建筑。

此楼院现为梁启芳住宅。东大门门楼高耸，木、石雕艺精彩，左、右石雕分别镌有“福”“寿”二字，石门墩分别雕镌象征富贵的“牡丹”与“菊花”。登上数级石砌台阶进入青石墁地的庭院。北上房为五间石券窑洞。标志性的阁楼分为三层。第一层临街而建，南向开启一门一窗；第二层地面与院落平行，临街南向开有两窗，朝院内东向开启门窗，室内居人；第三层北向开一小门，南向开有一窗，东向开有两窗，从其北侧登上十余级窄台阶可进入三楼。顶层现用来存放备用器具。这是一处典型的“依形建构，风格独特，高低相依”的以石为主、以砖为辅的山乡高层建筑，是古村落的一道独特建筑景观。

↑ 福寿石楼房

秀才院

梁润为清乾隆年间秀才，自幼天资聪颖，其19岁时应邀为王氏家族撰写的碑文，现存于王家族茔。成年后更是才华横溢，笔走龙蛇，每逢乡亲有红白之事，必延请作文，犹以“大手笔”而闻名。

其庭院正楼坐东向西，下为无梁石券横洞石窑，上为五间楼房，南北楼相对，砖木结构。登上礓礤台阶，即达楼上。主楼上方，四柱擎天，抱厦前檐，门前建有花墙护栏。右石台阶

↑ 福寿楼雪景

↑ 秀才院

↑ 秀才院二楼观景

↑ 秀才院石楼

南向，开启一石券便门，居楼上者不经庭院即可直抵二楼平行的街道。在其台阶下方有里外两间小屋。“一室两用，内藏外厨”这一巧妙设置，反映了户主“因地制宜，巧用空间”的奇妙构思。北楼前墙设天地神龛，悬以“天高自古悬日月，地厚至今载山河”的楹联，一帧泥版“奉供天地之神位”的神祇牌位，雕刻工艺古拙而雅，别有一种传统民俗信仰的古风遗韵。全院建筑面积为640平方米，整个建筑风格古朴典雅，闲静温馨，是一座典型的晋风民居四合院。

京风庭院

为梁玉兴宅院，面积326平方米。上房坐北面南，建于高1.2米的台基之上，四明柱擎天，是典型的砖木结构抱厦檐，东西两侧分别置有高1.5米、宽0.5米的可登临厢房的五级木梯。进大门为筒瓦砖砌影壁，四角饰以葵花，中供土地神位，两侧刻有“土中白玉，地内黄金”的联语。居室内明清书案、炕桌古朴典雅。

梁玉兴祖父梁恕堂曾在北京设“自承恭”商号，其庭院建筑布局依据传统风水学，主从有序，布局严谨，内涵丰富，功能齐全，是一座实用性与艺术性兼具的京风民居四合院。

福寓祥居

为梁世英旧居。依崖临街，坐北向南的砖木石结构的四合楼院，因其主楼山花墙顶左、右砖雕分别镌有“福禄”“祯祥”吉语且正楼前设有巨形“福”字影壁，故以“福寓祥居”称名。

此处福宅主楼上下均为五间，下石上砖，主楼上四柱顶天。攀登西楼北风道巷十余级台阶，即达二楼。站立楼顶，可一览全村风貌。院主人为方便生产、生活，除庭院南向开有正门，出入可贯通前街外，在主楼上方东向北侧另开启一便门，走此门可直达与之平行的后街。像这样“一院临两街，前后皆畅通”的庭院实属罕见，从梁世英“福寓祥居”中可窥大梁江先人“因地造势，依崖设局，择优利长，巧供我用”之独特匠心。

云飞宅镇

这座院落为梁云飞故居。梁云飞为武师出身，以画虎著名。其书法篆、隶、楷、行、草样样精通。清代梁氏家谱案至今存有其“孝弟百年继世美，诗书万卷丽文人”的篆体墨宝。此院北楼主房，下石上砖，楼上四柱托檐，砌有栏墙；东西厢房为平房。

因其大门口正对上房正墙，故不设影壁。大门外侧，一块高约2米，宽0.4米，雕以兽头、下刻有“泰山石敢当”的宅镇，在太行山区不多见。“泰山石敢当”传说，人们早有所闻。相传在泰

京风庭院大门

京风四合院标牌

庭院院落

俯拍京风庭院

梁玉兴宅院标牌

庭院主房

↑ 泰山石敢当

↑ 官箴门楼

山之下，有一见义勇为、为民除害的神人名叫石敢当，恶人及妖魔闻其名而发怵逃窜。后人借其威名刻石立于正朝大道的宅旁，借此驱邪纳祥。石敢当上有非狮非虎的“饕餮”兽头，以示“饕餮之镇”。俗语云：“摸摸饕餮头，万事不发愁；拍拍石敢当，平安呈吉祥。”

官箴门楼

此门楼为王士荣住宅门楼，是一座绝无仅有、形制独特、寓意深刻的门楼。这是一座典型的仿木砖雕垂花门楼，且以别具一格的饰物形象而鲜明地彰显清廉文化的内涵，故以“官箴门楼”为名。这一砖雕门楼正中上方，雕饰以“耍头莲叶包金鲤”的浮雕图案。莲“出淤泥而不染”，除此以外，莲在此处还寓意“连年有余、福寿绵长”。在门首上方正中镶嵌有三个字，读作“清慎勤”。“清慎勤”三字语出宋吕本中《官箴》：“当官之法，惟有三事：曰清、曰慎、曰勤。”

武举大院

建于清代，被称为“大宅门”的武举

大院尤为典雅，俗称“一宅九院”，占地6000多平方米，房屋百余间。整座院落高大宏伟，气势威严，是大梁江村典型的四合院。该院为乾隆三十三年（1768）梁深中举后扩建。梁深“拳脚功夫不错”。住在武举大院的梁家后人梁保成说梁深过去经常在家中耍刀，包括一把137斤重的偃月刀和一把80斤重的钢刀。不仅如此，梁深每天早上还到赛场上要弄“哑铃”——两个50斤重的石块，一手一个。这两个石块仍存放在梁家后人梁保成家中，确切地说是在梁深自己的家中，因为如今梁保成居住的屋子就是梁深出生的房屋。梁深当年练武的赛场，其实就是屋外的空地，占地约百平方米。如今赛场上杂草丛生，但是依然平整。后来梁深的哥哥梁润也考取了功名，深、润兄弟二人都居住在这所大宅院里，所以武举大院又称举人大院，也有人称这所宅院为梁家大院。梁家第十六代传人梁世英说：“梁深出生后，论其辈分他是第九代。那时梁家是

↓ 一宅九院故事长

‘一宅七院’。梁深中举回家后，在父辈院落的旁边建了两处宅院——一处居住，一处是书院。这才使整个大院形成‘一宅九院’的格局。”武举大院由九重幽雅的庭院、一百多间房舍组成，即所谓“一门穿九宅，移步登高楼”。

大门 大门口有石墩、石鼓，这些门墩、石鼓上有各种各样的石刻：花草、树木、石狮、石虎，栩栩如生。一个门墩就是一幅山水画，一个石鼓就是一幅吉祥图。门心上悬一块大匾，“武魁”二字显示昔日荣耀、显赫。一进门，走三步上台阶，可见一座由方砖砌成的影壁，影壁中央在花边的围拢下，一头砖雕小鹿活灵活现，象征“福”“禄”。右拐弯走六步下台阶，可看到农村常见的土地庙，再左拐进入下院，起六步向右转才能看见正房，这就是所谓走几步转几弯迈几台，有讲究的复式大门，俗称

↓ 大门及北院

“辘轳把”式。

正房 一个台阶走进上院，这是一处深山里豪华标准的四合院，正面是五间二层大楼，第一层高出院子三个台阶，用大型条石砌成走廊，前墙几乎看不到砖石，只有木制的门窗，两扇木门从门槛通向二楼顶，木门下边有一米多高的木装板，向上纯粹是细细的窗棂，窗棂中间有一团团的花雕。房门开关是木锁，门槛上一个凹形，加上转轴，就能将门锁住。窗户全部是细细的棂子，上下各有两排小方格，中间是长方形，整个窗户上边有合页，下边有木插销。夏天可将整个窗户打开，冬天糊上纸，既暖和，光线又充足，屋里非常亮堂。前沿上有圆圆的石鼓墩，石墩上四根露明柱顶天立地，直通房顶。屋里角上有个木户梯，过一层木楼板，就上了二楼，二楼是一色木扇，两扇不能开的夹两扇

↓ 正房及东西楼

武魁院配楼

活动的，楼顶由“梁”“檩”“椽”“脊”“散子”泥瓦盖成，整个建筑高大牢固。

东西楼 是格局相同的小二楼，与大楼不同的是一层是用砖砌成的圆弧形门窗，二层是中间一个大门双开，两边全是窗棂。

南房 这里是三间大客房，和上房一样的通天接地门口、木窗户，不同的是屋里用隔扇隔开，外间一个大客厅，可招待数十人吃饭、休息，里间有炕，既能休息又可住人。穿过一个小门，里面又是一个小院子，两间小平房，是储存物品的好地方，僻静、安全。

↑ 南房及配房

↑ 书院

整个宅院的房子，除少部分用砖垒的垛子外，其余全是木质结构。据说，当年修建时，砍了五亩上等好树，光木工一项就请三个木匠做了一年，足见其工序繁复。

书院 这一处院子是梁深的书房，正面是抱厦小二楼，与宅院相仿，其他三面是小平房。最好的还属木工活，单说正房一个木门，若是现在一名木匠几天就能完工，可在当年却用了四十多天，精致、精巧、精雕细刻都不足以形容其精美：门的四周是有规律的雕刻花边，下半部分在木底上雕有两盆花，一盆是狮子滚绣球，一盆是牡丹盛开，栩栩如生，门的中间部分又分成左右两部分，是窗棂式的画，左一幅是喜鹊登梅，右一幅是鼠吃葡萄。门的上半部分是透明的窗户，远看中间两幅圆形大牡丹花，细看其中又雕有小花，分明是暗八仙，将“八仙”中每人使用的法器，如拐杖、竹篮、笛子等雕于此，真是出手不凡，巧夺天工。

北院 往北的一处院子，供家人居住、存放物品，中间一处横窑，顶上三间瓦房，东西南平房围满了院子，虽然院落较平常，但门却特别，大门外有甬道，甬道外口有街门与大街相通。

大门里 顺着梁深出生的院子，沿着东北角一溜石阶上去，又进入一组三处院子，一个大门，又叫大门里。沿东院一溜石阶上去，左右又是两处院落，主房将军柱石券横窑，东西二层小楼，乃小姐绣楼，这些为武举后人所建，因为继武举之后又出了一些

↓ 遥望书院

↑ 大门里之出门见喜

↑ 静谧的大门里

武生、生员、监生、文林郎等生活在这里，他们是深山里的能人、名人。今天尽管有些四合院已显陈旧，但依然掩盖不了清代大家族的阔气。

武举大院以南低北高的地形顺势而建，所以站在最高的院子向下望去，武举大院呈“奎”字状。依次增高的地势，让人们穿行在各个院落的过程变得趣味横生。当你从那家二楼走入邻家大院时，发现到的是这家一楼。在每个大院角落里都会开一个洞，用来排泄院内废水。这些废水不管是哪家倾倒，最后都会从南面大院的排水沟里流出，也就是说整个武举大院有一套完整的排水系统，大院的设计者可谓处处用心。

大院内九处院子都为独立四合院，家家有门，彼此相通，可从一家进而贯穿全院。住在武举大院的人都是梁氏本家人，平日里关系和睦，往来频繁。由于人数较多，梁家人选出族长来负责组织日常活动，调节内部事务等工作。1966年邢台发生地震，武举大院也受到影响，大院里主楼倒塌，一些相通的门随即被封。

↑ 大门里石碾子

↑ 大门里

演武赛场 在武举门外，有一处面阔二亩有余的空旷场地。此地向为大梁江武举人练功习武、教授门徒演武竞技的场地，因此乡人向以“赛场”称其名。清乾隆年间武举人梁深，熟读武经七书，弓马娴熟，武艺超群。一柄浑铁大刀长约丈二，柄粗对把，重达137斤，两块50斤重的练功石，一把80斤重的钢刀，均为其练武所用。相传，梁举人舞刀好似风卷残云，飞似流星，令人眼花缭乱。忽忽风响似沉雷，闪寒光若流星，故有“大刀寒风”之说；一对练功石，左抡右舞，似二龙飞腾；一柄钢刀舞动，只闻风声，难见人形，故又有“飞刀隐身”之赞语。

盛世崇文治，安邦尚武风。梁深为传师授徒、在家举办经武馆，后改成武校，以技击动作为主要内容，以套路和格斗为运动形式，上至壮年，下至幼童，村中许多人均会使枪弄棒，或来几手拳脚功夫。大梁江武社火曾播誉一方，成为防范匪患、保护闾阎的一支重要力量。

↑ 垂花门楼

垂花门楼

垂花门楼位于中街南口，这座宅院是梁深的孙子梁耀堂所建。这是一所“月”字院——三面有房，北面无屋。之所以称它为月字院，是因为它区别于我们常见的四合院，也就是门口有房屋的“日”字院。

梁耀堂是当时外出经商的梁家子

孙之一，当他回来建造这所“月字院”时，一定程度上模仿了北京的四合院——房屋布局明确、高低对称。这与武举大院中一些“前窄后宽”的院落明显不同，并且一楼不再建造石券窑洞。

“月字院”因北面无房，而从阴阳上来说，北门是白虎位，南屋是主人居住的正房。为防白虎伤人，所以这家主人在门口做了一个屏风来挡住。说是屏风，其实是一扇木门，只是这扇木门只有女儿出嫁时才会打开，平日里都是关闭着，人们进出庭院时只能走屏风两侧的小门。

↓ 垂花门楼局部

自然之神敬而畏

大梁江至今保留着原始的自然崇拜的主要载体和符号，随着社会的发展、人们认知的改变，有些信仰崇拜被人们遗落在历史的长河中，也有些信仰崇拜伴随着传统的民族文化生活传承下来。村中的祠堂庙宇，由于风吹雨打，年代久远，有的损坏无法恢复，有的几经毁坏重修，保存至今的还有龙王庙、奶奶庙、虫王庙、老爷庙、老母庙、大王庙、山神庙、五道庙和全神庙等。虽然每座庙宇修建时间不同，功用迥异，但庙中神灵或掌管着行云布雨，或掌管狼虫虎豹，或掌管人们的生老病死……承载着老百姓信仰和寄托的希望，拜神许愿成为这一方村民曾经不可或缺的活动，大大小小的庙宇也给后人留下了丰富的建筑文化遗存。

旧时人们认为，凡人间的祸福，都可向各路自然神灵祈求，比如“奶奶”“山神”等。其实，这何尝不是村民慰藉心灵的一种形式、一剂“良方”。他们用民间特有的仪式来强调大事件的意义，并达到内心安宁。于是，庙宇一般为当地最好的建筑，因为从修建开始，他们就怀有一种敬畏而虔诚的心态，所以这些历史遗存的意义又往往超出了建筑本身。大梁江素有“九庙一祠一会馆”之说。“九庙”包括观音关帝庙、奶奶庙、五道庙、龙王庙、大王庙、虫王庙、马王庙、山神庙、全神庙；“一祠”即梁氏宗祠；“一会馆”即“八大会”总会馆。

灵慈阁

大梁江古村落的入口有一座雄伟的阁楼，这是守卫大梁江村的大门，是一座阁庙相接的古老建筑，分上下两部分，上面为庙，分别供奉观音和关公，当地人称为观音阁和关帝阁（也叫老母庙和老爷庙），实则一阁两向，向村中一侧供奉观音，朝村外一侧供奉关公。下面为阁，大都用四人以上抬的巨石券成拱形，既是人道又是水道。匾额上书“襟山带河”隶楷相间四个大字，左侧一通石碑，记载了阁庙的修建过程。阁门下一条通道，供人们和车辆往来，古道遗痕尽收眼中。

古阁多建于村坊之首尾，扼村镇之咽喉。此阁有石碑为证，额篆“奕世流芳”，碑题《创建灵慈阁记》，由此可知大梁江村阁叫“灵慈阁”。碑石立于清雍正七年（1729）秋，由井陉天长镇人廪膳生郝起龙撰写的碑文，记载了建阁的原委及创始。碑文称：大梁江地处偏僻，“独本村尚缺宝阁一座，非惟无以妥神明，亦无

↓ 灵慈阁

以壮观瞻也”，于是在清雍正元年（1723）经合村共议卖掉龙王庙古柏树两株，得银六十一两，另村众捐资，由纠首梁崇仁、王瑗、梁栖凤收执此银，备料创建，始于雍正戊申年春，即雍正六年（1728）春开工，越乙酉季秋告竣，即雍正七年（1729）秋完工。合乡输财效力，历时近两年完工。因民间崇敬关帝和观音（威灵显应，护国佑民，则关帝君为最著；寻声占普救，慈航济世者，惟观音菩萨为足称。所以九州之大，四海之遥，建庙崇祀者比比皆是也，其孰敢渎且慢耶），所以创建灵慈阁三间，塑关圣帝君于前，观音菩萨于其后。《创建灵慈阁记》取意“圣帝之威灵有赫，菩萨之慈惠无疆”，故以“灵慈”为阁名。

阁的拱券从内到外分为两体，由此可知，此阁建成后，又有后人加宽延伸二期接续工程。阁的拱洞长10米，宽2.5米，高2.8米，

↓ 古树与古阁

有细心人数过，修建阁洞共用大小不一，形制不同的精雕石料366块。小的料石数十斤、百余斤，大的重达千斤、逾万斤。在建筑设备尚不发达的古代，建阁之艰辛，可想而知。宝阁设计工艺之精美，雕艺砌券之精巧，“严丝合缝，磊磊石成”，令到此参观的许多建筑专家叹为观止。登临阁上，可内瞻外览，敬谒神灵。阁顶内向供观音，悬有“南海大士”“神功默佑”“诚意报灵”“有求必应”匾额。外向供关帝，悬有“关帝圣君”“义气浩存”“诚奉感应”“亘古一人”等善信敬献、名人敬题的木制匾额。阁上木门题书有赞颂观音与关帝的古楹联。其一曰“柳枝慈露润，莲座瑞烟生”；其二曰“万古丹心明日月，千秋忠义表春秋”。

观音阁 朝向村内的一面，清时起就供奉观音菩萨（俗称老母），人称观音阁，也叫老母庙。有观音老母塑像，一手执宝瓶，一手拿柳枝，点化金童玉女，面向村中救苦救难，保佑百姓平安吉祥。

观音阁前面还有一方砖雕影壁，名为贪图。六角葵花砖围绕着中央一幅图：一个兽类动物四蹄向前，头部面向后上方，骄傲地仰望天上的日月星辰。这个动物叫“獇”。据说这个动物对任何东西都贪，且光吃不拉，它吃花草、吃粮食，吃植物、吃动物，什么东西都吃遍了，还想吃天上的星星月亮，所以正当它边走边望天上的星星时，一不小心跌入大海，一命呜呼。这幅图告诫人们不要贪，出门的人更不要贪得无厌，莫伸手，伸手必

↑ 观音老母佛像

↑ 关帝阁

↑ 1996年整修观音关帝阁碑记

被捉，做了官更须清正廉洁，如果贪婪成性就会断送大好前程。“贪”的寓意深远，大梁江村外出为官的，很少出现“贪”的现象。

关帝阁 俗称老爷庙，创建于雍正七年（1729），重修于嘉庆二年（1797）。旧有关帝阁，本来计划于乾隆己卯前后各扩五尺，且石料尽备，谁料淫雨40余天把石条冲去，辛亥年三日大雨复冲旧阁楹，乙卯年大旱，直到嘉庆丁巳年（1797）才修成。光绪二十二年（1896）梁正本从北京募化诸号60两银，加上禁山所制之林获172千文，重修。1996年再次整修观音关帝阁。可谓几经磨难，历经坎坷，一座古阁，显示了精湛的建筑技艺，也传承着朴实的精神文化。

南面朝村口，内有关羽彩色坐像，极为逼真传神。关公的金面塑像威武雄壮，气宇轩昂；关平英姿矫健，风度翩翩；周仓气势惊人，不怒自威。其他塑像衣冠鲜明，面姿各异，惟妙惟肖，栩栩如生。人们说红脸关公，而这里供奉金脸关帝，头戴王冠，身穿王衣，

影壁砖雕　狻

↑ “接脉通全”匾额

↑ 关帝阁神像

是乾隆爷封的“忠义神武大帝”。除了强调“忠”还强调“义”，即赤胆忠心、誓守信义。人们还说他是二玉皇，在农村好多地方修有玉皇庙，供奉玉皇大帝，而这里没有玉皇庙却有关帝庙，因为他是武玉皇、二玉皇、武财神。他面对村口保护着村里的老百姓。村里自古有习武之风，所以对关公格外尊重，老百姓称他武圣关公，与圣人孔子齐名。前门上镀金大匾“亘古一人”。廊上挂满各式匾额“关圣帝君”“义气浩存”“诚奉感应”，明柱上对联“志在春秋功在汉，心同日月义同天”，表现出人们对关公的赞颂，更希望他保一村人的平安。

阁顶为瓦房，脊上兽头分列两厢，名叫螭吻、鸱尾，两条砖雕长龙似二龙戏珠，将左右两道围墙连接，阁两边门洞上方有碑额“襟山带河”“接脉通全”，寓意这城门将自然形成的高高的两道土岭厚墙连接，把两条脉接起来了，大梁江人以大山为衣襟，以河水为腰带的博大胸怀，也暗示村里人“加官晋爵”“步步高升”的美好愿望。

奶奶庙

奶奶庙也叫三圣母庙，重修于乾隆五十二年（1787）。庙堂瓦房三间。起脊飞檐，重彩描绘，富丽堂皇。正面塑有三位奶奶像，丰满慈祥，栩栩如生。奶奶庙自古香火鼎盛，历久不衰，尤其是民间善男信女，若有灾喜，多来此朝拜。每年正月十六在这里举行古代成人礼——开锁儿；每年三月十八，都在这里举行传统庙会。这三位“奶奶”像慈祥的长者，呵护着自己的子孙，人们愿意将自己心中的苦难和愿望在这里倾诉。许愿者为了实现心愿，一般会赶一年一度的三月十八奶奶庙会，来庙挂袍（富家用绸缎，穷家用黄纸，善友提念献者家乡住处、姓甚名谁，献在供桌前，谓之挂袍）、摆供（供品为面做的猪、羊等）、上布施（向奶奶像前掷钱）和唱神戏。据说奶奶庙颇为灵验，所求皆能达成，每至香火日时，来庙“还愿”者甚多。

↓ 奶奶庙

↑ 五道庙

五道庙

五道庙是一个敞口拱券式建筑，位于中街尽头，是通往下街的必经之路，地处三岔路口。这里曾是旧时村中的丧葬礼仪中心。凡村中有人故去，首先在五道庙烧纸，即视为上报阎王爷，将此人在生死簿上注销，叫烧断气纸。以后每晚都有孝子去烧纸，叫烧夜纸，直到埋葬为止。按照道教说法，五道将军民间称作“五道爷”，是东岳大帝的属神。他掌管世人的生死与荣禄，是阴间的大神，地位比阎罗王前的判官都高。古典小说中的五道将军似乎可以代阎罗王决定世人寿限。但与阎罗王不同的是，他颇具同情心，能帮助弱者实现自己的理想，是个具有正义感的冥神。据说五道神很是灵验，长期以来，五道神保佑一方，令大梁江村运通达、百姓康泰，山野苍生尽得其利，可谓功德无量。

↑ 龙王庙龟驮碑

龙王庙

专门供奉龙王之庙宇，塑五龙圣母一尊，龙王五尊，庙宇三间。每逢风雨失调，久旱不雨，或大雨绵绵、久下不止时，民众到龙王庙烧香祈愿，以求龙王治水，祈愿风调雨顺。

大王庙

在村东北山棱垴下，石地掌沟有个大王庙，人称黑脸藏山代王，与龙王庙相似，主管天气，尤其久旱不雨，当地百姓会向他祈求下雨。旱得厉害时，把他请回来，供在东垴场摆供上香，祈求降雨，直到雨下了才送回石地掌沟。此法甚灵。

↑ 大王庙

虫王庙

咸丰年间有虫将田园伤损殆尽，咸丰八年（1858）秋蝗又入境，食尽麦苗，咸丰九年（1859）夏村人公议创修无梁殿塑虫王像。自虫王庙建成后，当地再也没有出现过虫灾，年年风调雨顺，岁岁人畜平安，虫王庙从此成为老百姓的“保护神”。

还有一个传说，唐初有一年发生了大面积蝗灾，铺天盖地的蝗虫从天而降。群蝗过后，所有的庄稼，甚至树木及所能食的植物皆被啃食一空，农作物

↑ 虫王庙泥塑像

龙王庙《龙王堂》碑（明朝正德年间重修）

龙王庙《龙王堂》碑（清康熙年间重修）

龙王庙内景

龙王庙正殿

龙王庙香柱

龙王庙侧面

龙王庙正殿

绝收，造成特大灾荒。飞蝗过境之时，当地百姓在树上捉住一只大飞蝗，众称“虫王”，并将这只虫王献给了唐太宗李世民。唐太宗看到蝗虫造成数万百姓的痛苦，一怒之下，将这只大蝗囫囵生吞下腹去。从此群蝗无首，飞得无影无踪。事后，百姓称赞唐太宗李世民真是一位爱民的好皇帝，处处关心乡民疾苦，因此大兴土木建祠庙，称李世民为能震灭害虫的“虫王”，并长期供奉他。

马王庙

祭祀马王爷的庙宇，庙内塑马王爷像。马王爷三眼四臂，掌管牲畜的生老病死，也管理古时交通运输。现在还常听人向对手示威说：“叫你知道马王爷三只眼。”可见马王爷的厉害。民间称道的“马王爷”实为灵官马元帅，是道教诸神中非常厉害的神将之一。马王庙原址在关帝阁东，现已不存在。马王爷诞辰是农历九月二十八，他八月初一下凡，如果八月初一这天下雨，一年火灾就少。马王庙的庙会是六月二十三。

↑ 山神庙

山神庙

山神庙是供奉山神的庙宇，人们认为山里住着狼虫虎豹，树怪藤精，怕它们出来伤人，因此修了山神庙，让山神来管住它们。山神之说，大概是古人将山岳神化而加以崇拜的一种观念。山神庙始建时间不详，重修于乾隆五十一年（1786）。

全神庙

古戏台对面，坐北朝南一处神堂是全神庙。平时这里没有神像，只是到了庙会期间，正月里唱戏时，才把各个庙上的神灵位牌请到这里，供在神台上，所以这里实际算神灵们的行宫。全神庙的最大特点是三教合一，诸神毕至，济济一堂，蔚为大观。全神庙营造了一个全神共处、求同存异、大同和谐的美好世界。无论士农工商、三教九流，都能在此找到精神的寄托。

↑ 全神庙

“八大会”总会馆

“八大会”总会馆为大梁江民间全神会、观音会、老爷会、龙棚会、火神会、马王会、大王会、山神会“八大会”会首，即村民年节聚集、设宴议事、共商全村庙会及节庆钱粮收支诸事宜筹办之地，并在此存放会旗、图谱、乐器、兵器、旗幡、仪仗等。

会馆系砖石木架构，正窑三间，坐东面西，南北厢房相对，建筑面积840平方米，是一座古朴典雅晋风民居四合院。

↑ 会馆南屋隔扇

会馆屋顶

会馆北屋

会馆大门

会馆门楣

会馆阳台屏门

中国民间文化遗产抢救工程
THE PROJECT TO CHINESE FOLK CULTURAL HERITAGES

大梁江子弟能文能武，勤劳聪慧，忠厚传家，崇尚礼仪，亦农亦商，亦官亦兵，亦工亦学，亦医亦艺。从发家致富到保家卫国，一代一代，一家一家，作出了自己应有的贡献，可圈可点，无愧于家国，无愧于时代。

↓ 古村一角

第三章
重文崇武一脉承

慎终追远承祖恩

宗族文化的传统，概言之，即敬祖追宗，行为上表现为修宗谱、立宗祠、建族墓、设义塾、举族合祭等，既体现了浓厚的宗族观念，也反映了深厚的家族文化底蕴。

修宗谱

大梁江历史源远流长，先有马、高、赵、程、樊等姓村民居住，后有“康、王”两大家之说。现在有梁、王、刘、郭、蒋、李、吴等姓村民在村居住，其中，梁氏是大梁江人口最多的姓氏。由于迁来的时间不同，仅梁家就有四支：家谱堂、南坡、枣堰坟、上梁家，而家谱堂一支尤为兴盛，有家庙和族谱，可谓书香门第。

↓ 梁氏宗祠勤俭传家牌匾

梁氏宗祠家谱，三个版本数套书，记录着始祖到现代所有出生的男子姓名。《梁氏宗谱》迄今为止从第一世修到了第二十世，时间跨度上从明朝万历年间延续到二十一世纪的今天。梁家保存的族谱，从先祖梁标到现在的第二十代，名字写满了三米长、一米多宽的布卷。

第一套光绪二十五年（1899）家谱，序言称“祖居城西有家谱，至乾隆五十九年大雨湿坏无可稽考”，光绪二十五年正月，“二百余年共百余户，共议修氏堂，在村西北桑固峦，创修家庙三间，费钱二百余千”。过去有文字记载，“祖居城西大街，老坟棋盘堰，始祖梁讳公显标祖甘桃沟，大梁家老坟七明口迁坟，大门西卓巢，二门朝阳坡，三门马家坪”。今庙中有碑为证。

第二套于中华民国二十六年（1937）正月重订。

第三套印于1982年。

每年腊月二十九，祠堂门一开到正月十八，梁家人都会到梁氏祠堂祭拜先祖。如今梁家人占到大梁江村人口90%以上，大梁江村是名副其实的“大梁家”。

梁氏祠堂由梁氏祠堂理事会负责祠堂一切事务，设有会长、秘书长、会员干事。还有祠堂管理的桌、椅、炊具，供人们红白喜事用。

↑ 梁氏宗祠大门

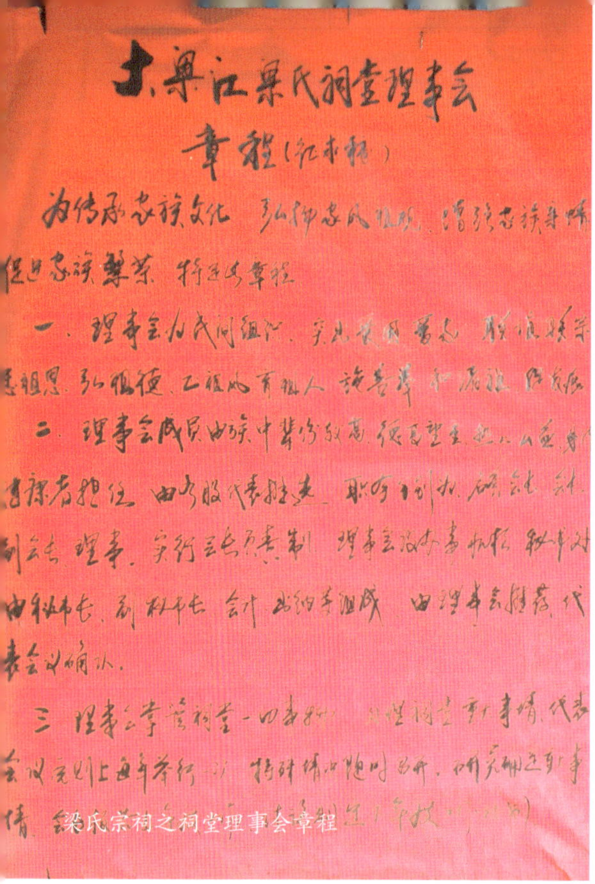
大渠江梁氏祠堂理事会
章程（征求稿）

梁氏宗祠之祠堂理事会章程

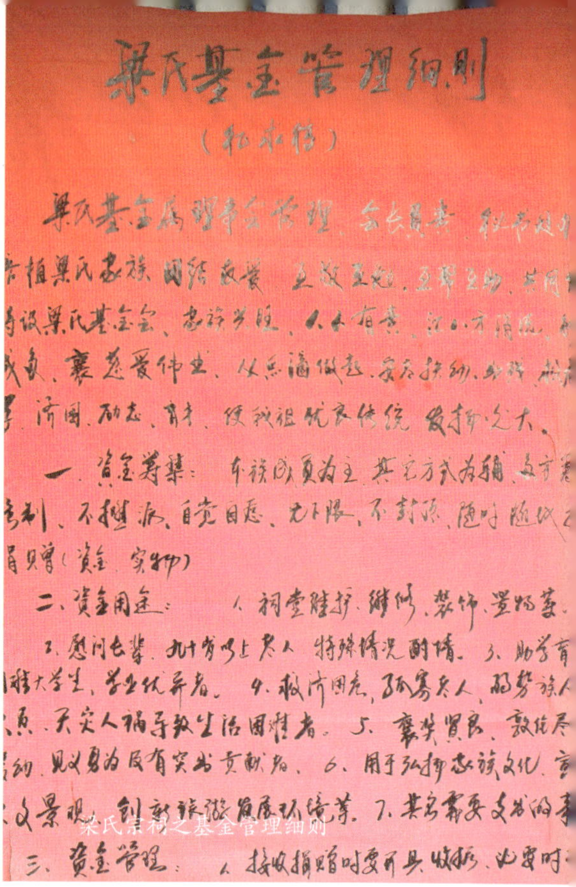
梁氏基金管理细则
（征求稿）

梁氏宗祠之基金管理细则

梁氏宗祠之外景

梁氏宗祠两进院

宗祠碑记

梁氏宗祠大门局部

梁氏宗祠内景

↑ 梁氏宗祠正房

↑ 梁氏宗祠门楼

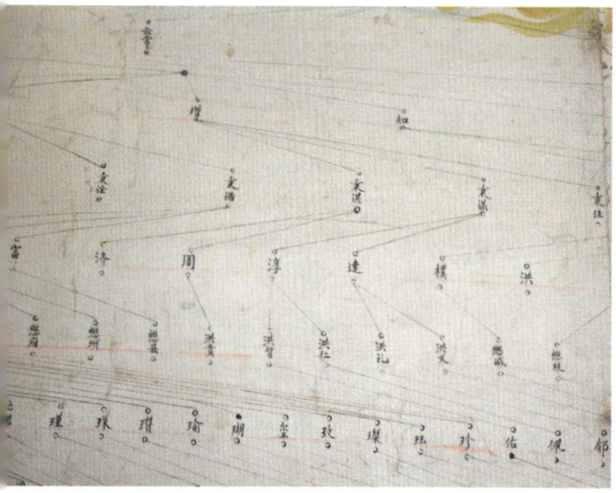

↑ 梁氏宗祠谱书

立宗祠

宗祠、家祠是宗族血缘传承关系的物化表现，故历来为各大宗族所重视，梁氏亦不例外。现梁氏宗祠，建于清代，经多次重修重建。

梁氏宗祠是村落中保存比较完好的一座石头四合院，建于光绪二十四年（1898），这是梁标家族繁衍历代宗位之所。大梁家保存了最完整的族谱。宗祠占地约300平方米，共有房屋15间。登九级大台阶方可进入大门，再往里是上下两层院落，层层而上，庄严肃穆。大门匾额“梁氏宗祠”四个大字，对联书：“致孝思高曾以上，重祀典宗庙为先。”二门联：“有关家国书常读，无益身心事莫为。”前院有左右厢房，再进一道门是正院。石阶上去是正殿，门上曰：“辞慵辞矜成器成才，修德修文翳诠翳教。”露明柱挺拔肃穆，上书：“乔木发千枝岂非一本，长江流万派总是同源。”木门扇木窗户，雕梁画柱。殿内正上方书“祖先堂”，两边书：“业垂后嗣，功光祖德。”正前方为祖宗案，上面记着几百年来的各位祖宗名字，两边篆书：“孝悌百年继世美，诗书万卷丽文章。”每年正月把祖宗案放下，由大头儿、小头儿（宗祠大小主管）轮流执年，后辈儿孙们来磕头、上供、焚香。

建族墓

目前较为集中的族墓位于进村的山上。族墓是宗族势力强大的具体表现，能葬在族墓中是族人的一种荣誉。族墓所在地也被奉为宗族的风水宝地，神圣不可侵犯。宗族当倾全力维护之，故这里绿化良好，环境优雅，受人景仰。大梁江梁氏祖碑记述清晰。

《始祖碑记》碑额“流芳百世”。据碑记所载，始祖标公于明末由山西平定县城西村迁大梁江，此坟为首建阴宅，其三子峻堂、峻武、峻林依次在卓巢、朝阳坡、马家坪各扎一坟。始祖一生含辛茹苦，发奋创业，迄今已四百余年，子孙繁衍分布广远。

设义塾

义塾是保证宗族制度能够传诸久远的文化举措，一般由乡绅出资，供孩童读书识字。大梁江村过去曾设梁家书院。梁家书院使宗族文化得以传承并不断发展，为宗族的繁荣昌盛提供了文化上的保证。

举族合祭

过去，每逢年节庆典，大梁江人都要举族而动，隆重庆贺，形成许多地方特色浓郁的民俗活动。祭祀祖先是为了“慎终追远”，强化血缘关系和宗族制度，因此每年都要举办大型活动共同祭祀。

尚武精神有传承

大梁江人历来重视教育，积极培养下一代，深知要发家先读书，同时当地也有尚武的民风，尤其在乾隆年间，出现了一批武举人、武秀才，其中梁深、梁润弟兄两个最具代表性。

尚武，以梁深为最，自梁深中武举之后，习武蔚然成风，又有清军教练梁宙退役返乡，在村里组建“罗汉社火队”，练就了独特的武术套路，代代相传，曾在井陉雪花山庙会上表演时夺得头奖。

梁秉志

梁氏第八世祖，梁润、梁深之父。他为人忠厚善良，从不与人争执，是当时村里第一文人。聪慧多才，见多识广，常以“靠山为农，近水为渔，临路行商”的理念教化众人，教育子孙要“学而终身”。他11岁的爱子病夭后，在悲痛之余，得出“农桑民之本，行商财之脉，学而优能仕，无医病成灾”的理念，舍良田，培养孩子学医。在他的倡导下，村中兴起了学文、习武、经商、行医之风。

武举人梁深

梁氏第九世祖，字逢源，清乾隆三十三年（1768）戊子科乡试中武举人。武举是科举制度中的武科，武科是为选拔武官而设的科目。清代武科考试分为内场、外场，内场考默写武经，外场考弓、刀、石等。碑记有：清例授武信郎为证。梁深自幼聪慧，爱习武。平时用重数百斤的石墩、石锁十余个锻炼膂力，多年如一日，风雨无阻，练就绝技。一百多斤的大刀能运用自如。中举后，由山西省巡抚提督印务布政使授匾“武魁”，挂于宅院门口，以示表彰。大门口的赛场和河边的马王坪是他习武练功的场所，那时建有梅花桩、独木桩、练功石等器械，刀枪剑戟斧钺钩叉，十八般兵器样样俱全。后来村民效仿梁深，每年春节期间在赛场举行耍社火、爬高杆、荡秋千、扭秧歌、踩高跷、转九曲黄河阵等各种娱乐活动。

秀才梁润

梁氏第九世祖，生员，武举人梁深之胞兄。他生活在“康乾盛世”，也是梁家繁荣兴盛时期，现在村里的许多庙宇碑记，他都参与主持修建，并留下了手迹。他家住南窑，人们说南窑最大的特点是门多，正面石横窑，左右石头楼房。

在梁家，梁润的二弟其实更有名。碑记、坟茔、家谱都只记载有润、深兄弟二人，实际梁润还有一个二弟夭折了。后世流传着许多二祖宗的故事，他生来两脚长毛，会飞檐走壁，小小年纪就经常在半夜三更一人起床练功。一次父亲半夜里发现不见了儿子踪影，就出门寻找，在官坊见到儿子正在戏台边山墙上走呢。

梁定国

字箭三，是梁深之长子，自幼习武，技艺绝伦，十九岁入学，后为条件所限，屡经乡试，未获高科，然性格刚直，言无隐辞，恪守勤俭治家之道，且深明医术，济世活人，兼通接骨。一次有一病家得了毒疮，几服中药仍不见好转，定国为此冥思苦想，彻夜未眠，鸡叫时分打了个盹，梦见自己吃冷片（肉片），激灵灵打了个冷战。但他也就有了办法，将疮切开，用鸡毛把里面的脓毒清理干净，施以药物，很快见好。后乡人赠匾“春满杏林”，挂于宅家院。

梁喜运

梁氏第十四世祖，又名梁和子，系武举人梁深的第五代传人。自幼习武，擅长射击、拳击，喜欢珠算，武功高强。民国时，山西太原阎锡山部队招兵，他应征入伍。到部队后进行比武考试，他射击和拳击获全军第一。他身材魁梧，相貌英俊，被阎锡山看中，点名为贴身侍卫（旧称马弁）。从此他跟随阎之左右，寸步不离。在战场上，他手提一把大刀时刻准备为阎锡山挡子弹。他勤奋谦卑，深受阎府上下信任。后因家庭原因离开阎府返回家乡，阎锡山舍不得让他走，但他去意坚决，阎锡山送他一些钱财和一幅中堂画作纪念。

1938年，抗日十三支队请他去当教练，后任连长。他训练士兵严肃认真，训练出的士兵个个都是“神枪手”，英勇善战。他返回家乡后，因眼疾双目失明，但不失军人风范，仍不间断练武，经常玩弄武举传下来的两把90斤重的大刀（此大刀1958年丢失）。村里的年轻人和他比试，他凭借敏锐的听力，身手不凡，年轻人都不是他的对手。他头脑清醒，记忆力非凡，双目失明后照样耕田种地、料理家务，且走路从不拿拐杖。凡失明前走过的路，无论大街小巷他都能像未失明的人一样顺利走过去。年近七旬时，儿子在树下指挥，他在树上扒柴（将干枯的树枝扒下来当柴用），见者无不称奇。

兴学重教文风存

大梁江人重文崇德，办学兴教，人才辈出。民国时期，连续十多年，有本村三人任平定县槐树铺高级小学的校长：1923年，梁毓麟出任当地的高等学府——平定县槐树铺高级小学校长；1928年，大梁江村人梁炳堂接任梁毓麟；1932年，梁炳堂去世，平定县政府再次聘用梁毓麟担任槐树铺高级小学的校长；1936年，大梁江村人王聚元接任。四任校长均为大梁江村人，实为罕见，那时人们戏称“槐树铺是大梁江的学校”。除了这三位槐树铺高级小学的校长，大梁江村还出了一位优秀的中学校长、一位智斗日军的英语教师：王洁。

梁毓麟

大梁江著名才子，当地留存的碑记称其为“俊士”。其子梁云飞也是大才子，能书善画，早年在山西晋剧院画布景，牺盟会成员。

↑ 王聚元故居

王聚元

字星五，一生博学多闻，尤在文教卫生事业上为人称道，1936年曾任平定县槐树铺高级小学校长，中华人民共和国成立后曾任测鱼完全小学校长。他工作之余是好医生，擅长中医，也是老

↑ 王聚元故居后院

百姓眼中的幽默大师，他讲的笑话“天下人人怕老婆，就是我老婆不怕我”，成为名言，即使开会时，他也总是先讲个笑话活跃气氛。每当他骑着高头大马回家后，就会有许多乡亲找他看病，是老百姓的贴心人。王聚元一生持家有道，治学严谨，谦和朴实，平易近人，耿直清廉，为人厚道。

梁宝三

梁正本孙，山西大学土木系毕业，先后任山西省繁峙、忻州中学校长，是个“两耳不闻窗外事，一心只读圣贤书”的书生。当时工资每月70块现大洋，他除去吃饭就是买书。那时买一本《石头记》要费一石粮，他的书就有几大箱。

王洁

字雪堂，“清慎勤”大院主人。民国时中学毕业，后在山西昔阳县中学任教，是当地唯一的英语教师，当地有“讲古文数小梁江梁建寅，讲英语数大梁江王洁”的说法。1937年王洁带领全家老小，随大梁江村上百名乡亲向太行山深处逃难，在平定小川与日军遭遇，面对日军枪口，王洁用一口流利的英语与日军小队长周旋，使全体逃难村民安全逃离虎口。

士商医艺各有为

奉直大夫梁耀堂

清五品衔县丞，监生，曾“慨施大洋150圆雇工修路”。那时大梁江粜米、购物都要去旧井陉城赶集，靠的是人挑驴驮，而去井陉的必经之路是桥沟岭。然桥沟岭“羊肠崎岖，绝难登涉”。为使“羊肠”变“康庄”，梁耀堂慨施大洋修路，解决了蒋家、吕家、小梁江、大梁江等村人们的进城难问题，后人为其树碑立传，今有桥沟岭修路碑为证。

↑ 桥沟岭修路碑

他家在北京开皮行，家中建筑是有名的“垂花门楼扇屏院”。所谓垂花门楼，实际上是三合院，但门口颇为讲究，豪华、富丽堂皇，大门内侧再建一木结构的屏风门，这屏风门平常是不允许开的，屏风就起到了影壁墙的作用，家人和客人就从左右两侧进出大门，如此可聚财、聚宝、聚气。只有女儿出嫁时才打开屏风。门前的那两个石狮子，那可不是普通的石狮子，有个讲究叫“扭头狮子张嘴兽”，是专程从北京运到井陉，再用牲口驮回来的，花了不少钱呢。梁耀堂一度任村长，他重视教育，在任村长期间将廊房、全神庙改为

↑ 镇宅石狮

小学校。

皮货商人梁正本

其自幼家贫，却聪慧过人，曾附读私塾，十几岁只身赴北京学徒，后独自经商，在京开“洪顺长”商号，规模宏大，有半道街之称。发迹后返回家乡，建造仿京四合院多处。

梁正本是武举人梁深的曾孙。梁深有三个儿子，三门又有两个儿子，即梁正本的父辈，家产分下来，出现了人多地少的情况，生活就有些困难了，梁正本即产生了外出闯天下的想法，他背了一双布鞋走上了进京当学徒之路。在北京，皮行规定学徒三年，其间只管饭不挣工资，当时为了能混口饭吃，梁正本辛勤干活，什么粗活累活他都干，因为梁正本个子高，人们都叫他“大个梁”。个子高，体力消耗自然也大，经常吃不饱，有时他把人家喂猫狗剩下的食物用手绢包起来，背地里悄悄吃。

因为没钱买车票，三年期满了也回不了家。邻店有个山东济南府的商人，见大个梁学徒努力，干活勤快，就劝他自己干，没有本钱，山东人就说“我给你垫资”。就这样，在山东人的支持下，大个梁自己做起了皮行掌柜，每到需要银子时，山东人就帮忙，大个梁的生意也越来越红火。大个梁赚了钱以后还了山东人的本钱，还给儿孙们挣下了一份家业。后来他的孙子梁宝璋、堂侄梁恕堂也分别办起了宏顺昌、宏顺德两个商号，经常在塞北、坝上收购皮货，运到京城加工成皮衣、皮帽，销往全国各地，甚至远销俄国。

神医梁懋选

清代著名中医，名闻百里，针灸、推拿、拔火罐、号脉、配药，内外科兼治，医术高明，药到病除。他开创中药铺，亲自采药加工，村民称其为“神医懋选先生”。一次，去核桃园看病，他给病人扎上针就去戏台下看戏了。病家此时面如土色，奄奄一息，家人不由分说来到戏台下，抓住懋选先生就打，嘴里喊着：我们费了那么大的力，赶着毛驴把你从山西（大梁江当时属山西）请到直隶，好吃好喝好招待，是指望你看好我家人的病，谁知你吃饱喝足，扎了个针来这逍遥了！家人出了气回家一看，咦，病人好了。有人说：快去找医生吧！再看鼻青脸肿的懋选先生，家人是后悔莫

↓ 神医梁懋选故居

及。原来，先生用的是百步还阳针，就是说扎针后医生要走出一百步才会生效。从此梁懋选被誉为神医。

艺人梁云

民间艺人，年轻时曾在山西和顺县剧团唱戏，因仰慕京剧名家金少山而起艺名梁少山，后任和顺县剧团业务副团长，表演的二花脸形象活灵活现。在和顺教的学生王二庆、王晓平所唱的《杀惜》名扬三晋，二人均夺得中国戏剧“梅花奖”。梁云回乡后，在识字不多的情况下，能背剧本80余种，看一遍生戏，就能将剧中人物唱词、道白、锣鼓家伙全部记住，然后自己开始排戏，家藏剧本千余种，他画的花脸谱曾结集出版。此人多才多艺，石工、泥瓦工、农活样样精通。和他同台的有须生梁公义、梁斌，小旦梁茂文，大花脸梁拉贵等。梁斌唱的《写状子》堪称绝唱。所以大梁江的戏远近闻名，大姑娘小媳妇都爱看；大梁江的艺人就像当今的演艺明星，走到哪里都引发不小的轰动。

红心为民有担当

梁连生

出生于贫农家庭，1944年入党，领导建立大梁江村第一个党小组。此人积极向上，经常出入于平东县政府和第七区，积极参加革命工作。1945年9月30日半夜时分被捕，后在旧关英勇就义，时年29岁。

梁连生虽然牺牲了，但革命的火种在大梁江生根发芽。1947年大梁江村共产党小组成立，郭永启、梁玉山、梁爱生为党小组成员，梁爱生为政治指导员。郭永启、梁金玉先后任村长，梁富州、梁喜成任副村长，梁会生、刘永隆任生产委员，梁珠云任财粮，梁丑生任抗勤，梁启云任农会主席。同年，大梁江村开展减租减息运动，并组织民兵、担架队奋力支前，为解放太原和石家庄作出贡献。1951年到1953年，先后有梁六斤、梁巧祥、吕贵文、梁健、梁芝云、梁全生、梁二白7人加入中国共产党，他们为大梁江村的建设作出了贡献。1952年村民王士元、王宝柱、梁雨生、郭三毛赴朝参战。1955年国家实行义务兵役制，梁巧生、梁智生二人应征入伍。1958年大梁江村成立了第一届党支部，梁全生为书记，梁六斤为副书记兼大队长，吕贵文为支部委员兼妇女队长。

王士元

中国人民解放军南京军区干休所离休师级干部，1921年生于大梁江，1942年在太行军区敌工部任干事，1945年调往晋冀鲁豫军区军政大学学习。1942年加入中国共产党，曾任太行军区第六纵队16旅参谋股长，抗美援朝期间，在志愿军12军任营教导员、团参谋长、师干部科科长，1954年调往南京军事学院学习。后任南京军区司令部科长，测绘大队大队长、江苏省军区盐城军分区参谋长、60军18师参谋长、副师长等职至离休。

中国民间文化遗产抢救工程
THE PROJECT TO CHINESE FOLK CULTURAL HERITAGES

大梁江村，四周青山环绕，东北一座山棱垴高耸千米，巍峨壮观；西南是黄栌树岩悬崖峭壁，村前南坡岭绵延逶迤，柏树长青；西北是红毛旦岭，山高谷深。

↓ 晒瓜片

第四章 山秀景奇物产丰

↓ 晒秋

↑ 连翘花开

↑ 南坡的春天，春天里的梧桐花

↑ 南坡地

村前一道南坡岭

“门前有道南坡岭，一年四季皆是景”，说的是大梁江村对面的南坡岭。这座岭如同一座绿色的屏风立在村落的正南面，山坡上的原始灌木林丛遮天蔽日，郁郁葱葱，整个南山林稠草密，鸟语花香。古朴的村落民居、恬淡的山乡生活与如画的山野景色交相辉映，宛若天成，使人有“久在樊笼里，复得返自然”般的轻松。

四季画屏

当春风吹过，南坡上的山桃花开了，一团团的粉白，镶嵌在浓密的荆棘丛中，清新可人；粉白之后，是一串串的金黄，那是野生的连翘花；连翘刚过，淡紫的梧桐花，又一堆堆开遍了沟沟坎坎。夏天到了，南坡岭披上了碧绿的新衣，到处是绿的海洋。秋天，南坡梯田上火红的高粱、金黄的谷子、雪白的棉花、红彤彤的苹果、黄澄澄的梨、张着嘴露着珍珠的石榴，一派丰收景象，特别是中秋过后，蜡黄的葛针叶，映衬着火红的柿子树叶，橘黄的山桃叶、黄棉叶，一簇簇黄色的野菊花，一幅五彩斑斓的画卷……黄栌更是枝繁叶茂，如霞似火，层林尽染，景色独秀。大雪来了，南坡岭变成了琼装玉砌的洁白世界，唯有山崖上那长在石缝里的柏树，还那样郁郁葱葱，傲雪挺拔。

↑ 南坡冬景

岭上奇洞

↑ 南坡山洞

岭上一年四季各种花草树木讨人喜欢，它神秘的故事更为当地人津津乐道。岭后有块大石头，石头旁边有个山洞，洞口有一人来高，不过几米拐弯下坡，越走越深，究竟有多深谁也不知道。但人们发现每到冬天，当漫山遍野冰天雪地时，石头旁边却没有积雪，越是天寒地冻，白汽越大，远远望去热气升腾，犹如蜃景。

有人说，这南坡岭里住着妖怪，石头旁是它出气口。“妖怪”一词也确实唬住了许多人，所以人们不敢轻易在岭上开山凿石，生怕惊动了老妖怪，更担心万一炸开口子老妖怪出来把大家吃了。有人说，南坡岭里有个镇山宝贝，它保佑人民安康、富裕。尽管是些无稽之谈，多少年来却将南坡岭上的植被保存下来，给人们带来美的享受，也表达了人们的美好愿望。

南坡难破

南坡，旧有“难破”之说，1928年晋奉大军血战于此，晋军据守，奉军连攻数日不下而败退，晋军大胜，就是借此天险神威之地。抗日战争时期，日本人侵占了井陉，部队来到障城时，见有三道沟，不知从哪里前进，就派人分头前去打听。有一密探来到大梁江，见到南坡岭茂密的树木、美丽的花草，很是赏心悦目，不禁问了一句：“那是啥地方？”“南坡岭。”密探回到障城报告完情况说，大梁江有道南坡岭。日本小队长一听南坡岭，误以为“难破岭”，决定改道杨庄、景庄。一道南坡岭挡住了敌人的去路，这里的人民也避免了一场更残酷的流血战争。

↓ 南坡怀抱中的古村

林灌碶

南坡岭，横数里，高千仞，由南向北蜿蜒而去，是古村的庇荫屏障。其山势险峻，洞穴玄奇，栈道交错。林灌碶属南坡绝境，其崖深而狭长，斜陡而林茂，景色怡人，暑夏置身其中，吸纳境物交合之气，顿悟“阴、沉、静、寒”之道。林灌碶，左右悬崖，岩壁斜倾，怪石倒吊，参差裂缝，柏根攀爬，千米的岩壁，岩柏形态各异，有的悬空倒挂，有的像单臂探猿，有的如面壁坐禅，有的相依为命，有的情意绵绵，有的隔海相望，有的携子送男。由古至今，人生百味，尽显其中，沧海桑田，世间万象，物人同焉。每逢盛夏雨季，山水汇流顺势而下，左冲右撞疾落千丈，飞雾水溅荡气回肠，如在崖下择地抱琴一抚，好一曲“高山流水”。

村后高山耸入云

大梁江村的背后是渐次上升的大山，从海拔三百米到海拔九百米，一直抬升到最高处的山棱垴，山因村而活泼，村因山而永固。

山棱垴

大梁江一带制高点，恰巧在大梁江的身后，如同一具伟岸的身躯，看护着脚下的儿女。山棱垴北侧是平缓的山顶草甸，四季山花烂漫，特别是山顶的几簇黄栌，如同火炬般热烈而灿烂。登顶而望，目之所及，南坡翠屏层峦叠嶂，北观大台仙山巍峨，西至固关远山如黛，东达挂云山浩然屹立。俯瞰谷底，垴下是起伏的山地，地里生长着整齐的庄稼，古村落大梁江、小梁江、吕家、蒋家位于

↓ 远眺山棱垴

河沟两侧，大山脚下，峰回路转，鸡犬相闻，村舍俨然。

↑ 村后高耸的山棱垴

桥沟岭

在大梁江村西北有道桥沟岭，民国时期为晋直分界之山，缭绕盘环，群山丛垒，虽无峭壁千仞，但道路崎岖陡绝，难于登涉，旧虽有通行之路，然羊肠崎岖有蹉跌之虞，以致通行之路无不被视为危途，有善士梁君耀堂慨施现大洋一百五十圆雇工修理，足见其积德行善，善莫大焉。他将河北与山西修通了石头路，使之通行了上百年。

↑ 桥沟岭

古城墙

在大梁江北部，从西北的红土岭、三亩堰到东北的山棱垴有一段古长城，目前残迹尚存。这段古城墙，北起辛庄乡的白土岭冀南沟，向南经寺掌峪、凉沟桥、达柯、驴桥岭到南峪镇的董家庄、贵泉，再向东南顺着高低起伏的山势到天长镇的大龙窝、核桃园，再向东南到与山西交界的大梁江、小梁江，到障城镇的流沙硼，向东南止于苍岩山镇的杨庄，杨庄口有古城墙九江口遗址。井陉域内古城墙长约百里，是古长城的组成部分，属内长城，始建于明代中期，清末曾续修。这段长城的砖石多是就地取材，堵沟设卡，设兵戍守。

山林药材有佳品

在关帝庙右侧山墙上镶有一块清道光九年（1829）的大梁江村规民约《山林禁规》。碑中规约特意说明“国有国文，村有禁规理必然”，认为“关帝庙前，南山一所，峻岭叠岩，如设屏蔽”，因此“不许砍伐”。这南山，就是大梁江的天然保护屏障，从这一碑记中可窥大梁江先人禁山育林，重视生态环境保护的远见卓识。

大梁江村处于太行山区，有着丰富的森林资源，四面环山，像一块山间小盆地，人们居住在盆地的底部。村靠山，山围村，绵延起伏的群山，护佑着村庄。周围山上的石头，村民常取之为材，修建房屋；山上生长着以荆棘等灌木为主的耐旱植物，典型的太行原始植被。这片深山的土地上，生长着许多耐旱植物，野生绿色原生态，就像当地的人们，质朴坚韧，吃苦耐劳，坚强不屈。

周边山上多松柏，郁郁葱葱。山棱垴、养羊堖石洞周围自古就

↓ 村北的玉米地

桑树成林，其中一棵桑树树龄900多年，堪称“桑王”。

村中的土地多为梯田，玉米、小麦、小米、大豆、红薯等为主要的粮食作物，近年来也有村民开始种植油葵等经济作物。本地主要的经济林木有花椒、柿子、核桃等，特别是花椒和柿子由于产量大，品质优，每年都会吸引大批客商进村收购。也盛产水果，比如苹果、梨、桃、杏、枣、葡萄等。这里山岭相连，阳光充足，还非常适合野生药材生长，山上有上百种野生药材，是天然的林药资源宝库。

花椒满坡

大梁江素有“花椒之乡”的美誉，每当三伏过后，漫山遍野的花椒成熟了，山沟里山梁上红艳艳一片。花椒为小乔木，枝上有刺，果实球形，红色，种子亮黑色，可以做调味的香料。此地花椒比其他地方的花椒个小，但味浓，原因是生长在瘦瘠的土地上，全凭天然水肥生长，不要说农药化肥，就是农家肥也轻易不上，所以这里的花椒个小、色正、味纯，是理想的调料。种子可用来榨油。花椒也可入药，对许多慢性疾病有治疗作用。

↑ 花椒树

↑ 采摘花椒

花椒的采摘很不容易，这里的花椒树上有大量的针刺，必须一粒一粒地往下摘，稍不注意就会将手扎破流血，而且摘花椒时节正值暑期，天气炎热，树下蚊子猖獗，更加大了采摘难度。

传说，这儿的花椒曾为皇宫御膳房专供，一时竞相采摘，一来花椒不能连年丰收，二来采摘不易，以致供不应求，有的把树枝种子都摘下来卖了，几乎造成花椒的物种断绝。后来乡亲们为了能留下这份特产，有意识地保护花椒，精心选种育苗，使花椒产量回升。现在花椒年年丰收，村民们摘不过来，有的雇人摘，有的请亲戚朋友采摘，有的拿去作为商品，有的则作为家中馈赠亲友的佳品。

崎岖天路仄，漫山花椒红。
直此盘回上，采摘各西东。
扎手眼又麻，苦乐能分享。
佐料也入药，榨油旧解穷。

连翘遍梁

山桃花刚落，岭上又开了连翘花，一串串金黄色的连翘花格外鲜艳，成为春天的又一道风景。夏季果实初熟尚带绿色时采收，除去杂质，蒸熟，晒干，习称“青翘”。果实熟透时采收，晒干除去杂质，习称“老翘”。二者都是中药的最好原材料。

↑ 第一次蒸出来的连翘花茶

当地还用连翘花和叶做连翘茶。这连翘茶清热解毒、消肿散结，是上等好茶叶。关于连翘茶，还有一个有趣的传说：连翘茶从秦始皇开始就是贡品，宫里宫外，王孙贵族，都离不开它。结果采摘的人越来越多，连翘却越采越少。有一年村里有个叫梁千仁的，不巧因为采茶从山上跌下来身亡，后来消息传到朝廷，皇上听言“为采连翘花，跌死两千人（梁千仁）”，以为真的跌死“两千人”，为了显示体恤百姓，“把这连翘茶免了”，一句金口玉言，从此再没有人来采连翘茶了。可见野生连翘生长的地方不一般。不过村里的人们现在还偶尔采些，经过九次锅蒸，九次晾晒，自己品着喝，也馈赠亲友。

↑ 刚刚采回的连翘花

↓ 连翘青翘

好吃莫过农家饭

手擀面，手揪片，臂挥手舞在拉面。
蜂飞入锅刀削面，包皮夹心红薯面。
抿疙蚪眼窝汤，豆面条子压捞饭。
摊咸食蒸苦粟，蘸着香香吞挠挠。
黏米焖饭加大枣，又香又甜又黏黏。
烙油饼摊煎饼，小铙摊花香喷喷。
玉米面的锅贴饼，泛面发糕海绵形。
山上采地里种，野菜蔬菜真新鲜。
笨鸡蛋、黑猪肉，豆腐、豆芽自己生。
走进古村享美食，香在口中乐在心。

大梁江地处深山，这里的农家饭菜虽然原料都是自给自足的粮食蔬菜，然粗粮细作，却也是非常讲究，营养美味，别具风格。

抿疙蚪

古村名吃中以抿疙蚪最为著名，抿疙蚪亦称小饸饹、抿曲，因为做出来像小蝌蚪而得名。大约从明朝开始风行。它是以绿豆、黄豆、黑豆、红豆、白扁豆等掺少量精白面粉、玉米面和面，经特制抿曲床压制而成。煮熟后捞入各种调料配制成的汤汁中即可食用。它长如挂面，细如毛粉，清香利口，鲜味扑鼻，富有营养，风味别致，还具有清火消暑之功效。明末清初，傅山先生曾在《小饸饹记》中赞美它的美味，至今抿疙蚪仍香飘山村。

咸食

咸食，一种面食，制作方法如下。首先，取白面粉若干，加盐，放菜，菜通常选马子菜、捞藜菜、仁青苗，也可以是洋白菜、黄瓜丝、土豆丝、西瓜皮，切一些葱花放进去，最好加点花椒粉，夏天用新鲜的花椒叶最好。加水调成糊状，还可根据自己的喜好加调料。锅子烧热，然后放少许油，转转锅，舀出一部分面糊，均匀摊开，等一面凝固后再翻面，当两边都变得焦黄的时候就可以出锅啦！可以直接吃，也可以蘸调料，根据个人喜好来定。做起来简单，吃起来美味，又香又软。

咸饭

过去农村老百姓常吃的饭，也叫一混锅。具体做法是，柴锅里添好水，大火烧开后，煮进南瓜块、红薯块和择好的豆角，再烧开

↓ 咸饭烙饼

↑北瓜咸饭

后放进小米，小火煮，小米开花后，再煮杂面条或抿疙蚪。有时随锅煮几个玉米面饼子，那是再好不过的了。这种饭往往随季节增减用料，如春季没有了南瓜、红薯，就用萝卜片、菜根片，秋后是最好做饭的，除了南瓜、豆角，还有红萝卜、白萝卜等，新玉米刚下来，再加上点玉米糊糊。而且各种营养都有，维生素、钙、蛋白质俱全，做法简单又健康。想减肥，吃咸饭，经常吃咸饭的人不会“三高”。

摊煎饼

原料有扁豆、绿豆、小米、玉米等杂粮和面粉、花椒等。辣酱和甜酱加少许水和匀，另准备生菜，葱花，鸡蛋一个。 做法如下：将各种杂粮在水中浸泡2小时。水与粮的比例约3：1，在石头磨上磨烂，搅匀成流动性较强的面糊。用软柴烧鏊子，擦上油，舀一勺面糊摊在鏊子上，用刮板摊匀即可。磕上鸡蛋，快速摊匀，撒上香葱，将煎饼迅速翻转过来，然后把油条（果子）或者薄脆放入，依次抹上面酱、辣酱，撒上一些椒盐和芝麻，浓浓的面香和鸡蛋的香气早已经把食客的肠胃刺激得咕咕作响了。接过摊好的煎饼来咬一口，绿豆面爽滑，果子脆香，还有酱的浓郁和芝麻的诱人，这一天的好心情已经从早点开始了。

手擀面

做手擀面要用温水和面。可放少许碱，开水冲开，再加凉水兑成温水，水不要一次加完，要徐徐加入，根据面粉湿度把握加水量，这样才能和出口感筋道的面，手擀面和硬点，煮出的面条才有劲、好吃。老百姓说“软面饺子、硬面条子”。面粉与水混合好和成面团只是第一步，第二步才是决定家常手擀面好不好吃最关键的一步——揉面。需要注意的是，不是有劲就能揉好面的，要揉出光洁细腻、无洞无痕的面团，手法才是关键。原则上说，面团揉的时间越长，做出的手擀面越筋道。人们说“抱大的孩子，揉倒的面”，就是指面要多揉才好。

醒面，就是在室温下静置。用湿毛巾盖上，醒10分钟到半小

↓ 手擀面

时都可。这个步骤很多人忽略，却是最能让手擀面与众不同的窍门所在。

擀面没有什么窍门，就是注意双手用力要均匀，擀得厚薄一致就好，这样下锅才会同时熟。为了不粘案板和擀面杖，隔一段时间就要往面片上撒一些干面粉。

将擀好的圆面片一层层往返叠起，这时也要在撒些面以防粘连。最后切面，至于切多宽，从韭菜叶宽到一指宽甚至两指宽，就看自己的喜好了。吃时配以各种卤汤，如西红柿鸡蛋、炸酱等。现在人们用酸菜卤，利口开胃。

捞饭汤

在物资困乏的年代，捞饭汤就是老百姓像样的饭了。先把小米煮熟，捞在盆里按实，这叫捞饭，再盛汤煮一锅咸饭，勺子里放一点油加热，放入葱花，炸出香味，再将勺子放进咸饭锅里。吃饭时，先把捞饭放进碗里，再浇上饭汤，味道喷香鲜美。

饸饹

把山药面捏成面团，放入饸饹床压出后，煮熟，浇上卤汤，通常配酸菜食用。有的使用白面，或白面掺玉米面、豆面等，可随自己口味配比。

挠挠

锅内添水烧开后，放入野菜（仁青苗、捞藜菜）烧开后，撒入玉米面，煮一会用擀杖搅拌，拌得黏黏的，筋道为好。老百姓知

↑ 酸菜卤红薯面饸饹

↑ 饸饹打卤面

道，一碗挠挠两碗菜，这是面粉与菜的配比。水和面粉的比例非常重要，水少了耙锅，水多了稀，不好吃，黏黏的且有嚼劲最好。

卜篓

又叫不烂、苦累，用料与挠挠相似，都离不开野菜，但做法不同，一般随季节用菜，春天用洋槐花、榆钱、野菜，秋后用萝卜缨。做法是，将玉米面与菜混合掺少许水，搅拌均匀，放入蒸锅，大火蒸熟，蘸辣椒吃。有人认为这种饭做起来又苦又累，所以叫苦累，因读音类似，慢慢衍生出卜篓、不烂等叫法。

糜

用黄米加眉豆、红薯、南瓜等煮成稠粥状，就菜食用，过去图省事吃糜，并且吃了不容易饿，现在吃得不多了。人们说“腊八不吃糜，死了没人埋”，每年的腊月初八一定得吃糜，所以当地人称之为腊八糜。

窝窝

玉米面加水、少许盐和面，捏成手掌大小，约2厘米厚的圆饼，竖起来一蹲就站住了，依次放入蒸锅，蒸熟食用，叫玉米面窝窝。玉米面掺入菜的叫菜窝窝。玉米面掺软柿子捏成的叫甜窝窝，玉米面掺豆渣叫豆渣窝窝，山药面捏成的叫山药面窝窝。

石碾子推面

大梁江村常用的炉台

村民正在制作酸菜

炸油果

村民正在制作酸菜

烧饼，也是待客的上等食品

清汤荷包面

中华民族流传的许多习俗都是以寓教于乐的形式，引导人们坚守至善至美之初心，肩扛自强自立之担当。吃穿住行，婚丧嫁娶，这里有许多传承至今的人文习俗，特别是传统节日习俗，融合了晋、冀、京多地风俗习惯，传承至今。

大梁江较好地保存了大量非物质文化遗产，诸如山西梆子、打扇鼓等，特别是一些日常生活的习俗，在许多地方都已消亡或失传，但在这里还保存得较为完整。

↓ 拉着花儿上坡坡

第五章
民俗民艺有讲究

↓ 修壶修锅的手艺人

传统习俗流传久

大梁江民俗多，既保留了很多三晋习俗，又接受了许多河北做法，清代很多人在北京、张家口等地经商，又或多或少带来了那里的习惯，所以有人说大梁江：没牙豁啃菜根——道道多。

暖房

村里有乔迁新居时众乡亲来祝贺暖房的习俗。人们盖好新房后，往新房搬迁的前几天，先让父亲或长辈在新房住几日，老人有“压量”，老人先住几日可以使晚辈住进新房后安然吉利。乔迁新房时，街坊四邻、亲朋好友准备贺礼，主人家装饰一新，张贴好字画、对联，燃放烟花爆竹，以示喜庆吉祥，村里好友来给吹拉弹唱，主人还预备茶、烟、酒、菜等款待来宾，一来为答谢盖房时街坊和亲友的帮助，二来为增进相互的友情。

↑ 砖雕土地祠

上梁

在古代，人们盖点房子不容易，为了盖房时和日后的安然，动工前就选好吉日良时，到时候破土动工，破土时要撒麻麦谷黍，焚香摆供、拜土地爷，打基、砌墙。到上梁时，在檩中间贴上红纸画的八卦图，拴上红布、筷子、现钱，以示镇宅，贴对联，贴“上梁大吉”，以及“太公在此，诸神退位”。人们贴“太公在此”，示意其他神仙精怪离去，人们干活时可心安理得。同时，大匠工主持摆供品、烧香、放炮，撒小馒头，给大匠工封红包，此谓上梁。

尊师

古人讲究天地君亲师，大恩当报，把老师排在仅次于父母的位置。当地有古风，每到春季开学，有学生、家长请老师吃饭，端午、中秋给老师送节日礼品（老师不会收礼品，仅以此礼仪表示对老师的尊敬），可见尊师重学之风自古就有。

游百病

农历正月十六日，大街小巷，男女老少都出来了，有的去各庙烧香，有的上山闲游，名曰正月十六游百病，意谓四处转转，心情舒畅，百病可去。

估筷子

估筷子是对未婚青年的一种占卜，时间为农历正月十六日，有两人各拿祖宗爷神位上的筷子三根，两人用自己手中的三根与对方的三根对成一个长方形，用力往一处顶，边说：正月十六估筷子，看看××订婚不，订婚了老牛大嘴鼓起来，不订了瘪下去。以此占卜婚姻成败。

祠堂祭祀

每年腊月二十九，由大头儿、小头儿负责收拾家族庙，除夕挂祖谱、摆供、焚香烧纸，正月初一那天，大部分梁氏子孙都来烧香拜祖，正月十五、十六和初一一样礼数。直到正月十八送祖宗时，所有梁家后代皆去梁氏祠堂闹红火，有唱戏的、吹打的等。黄昏时分，族人磕头、烧纸、烧香、放炮，并鼓乐大作，以示把祖宗送走了，然后安排当年工作。

问路有礼

古人云，途经他乡，人生地不熟，须问路径，必先以礼相待，称谓视被问人年龄大小，称爷爷、奶奶、大伯、大娘、大哥、大嫂等，被问人见你心诚有礼，便如实告知。切不可在车上“喂”，不然被问人支吾糊弄使你不达目的。这和现在使用礼貌用语同理。老礼讲究“见人不施礼，多走二十里”。

留拽毛

过去缺乏子嗣之家，得子难养，满月剃头上胎毛时，故意留一撮在脑后，像一道小辫，人们叫拽毛，也有人称之为狗见愁。民间有种说法，留小辫的孩子，狗见了不吃，别的妖孽更不招惹了，所以留小辫的孩子更容易平安成长。孩子长大可剃去小辫，表示已过幼儿灾期。有的是把婴儿的小拇指甲剪去一节，意思是孩子身体不全活了，不能召他走。今天看来，恐怕是过去营养不良、医术欠缺，人们只能期望通过各种特别的手段提高孩子的成活率。

许愿

村民每遇人生大事，便会求神护佑自己。如旧时婚后不育，就到奶奶庙神像前许愿求子，承诺生了孩子后用披袍子、送牌匾、唱神戏等方式答谢。待到抱得儿孙后，再来还愿。

↑ 奶奶庙前唱大戏

祈雨

每遇天旱就会举行祈雨仪式，由村里老者集中持香，到龙王庙、大王庙，有时把代王请回来，游街让他看看百姓的干渴，后祈祷许愿，同样是演戏、挂匾、大祭、重修寺庙、重塑神像等，常以三日为期，如期内降雨，则必如愿还愿。村中还有天地祠，意在祈求老天爷保佑村中风调雨顺，有个好收成。

↑ 天地祠

看好日

每遇婚丧嫁娶、店铺开业、建宅开业、老人出殡等，要看个好日子，意图吉利。如今讲究已不像过去那么多，一般逢三、六、九都是不错的日子。

落忙救急

每当谁家有了红白事，只要一通知，本族当家、街坊四邻，都会去帮忙干活，哪怕自己荒了苗子，误了种豆，也得放下自己的当紧活儿去帮忙救急，传统这叫“落忙救急”，体现了团结友好、互帮互助的品德。

开锁儿

百姓的人生大事无过于生老病死，一个人的成人仪式无疑是非常重要的。大梁江开锁儿就是大梁江孩子们的成人仪式，是至今仍然流传的习俗。开锁儿的仪式，就是要给那些年至12岁的孩子打开智慧的锁链，让12岁的孩子感到自己已经长大成人，自立起

↓ 开锁儿仪式

来，自强起来，勇于担当起自己的责任使命，摆脱对父母长辈的依赖心理。这是一个极具仪式感的过程。一轮正好是12年，旧时当地人认为，到了12岁就是大人了，可以婚配了，男孩子过了12岁便可以上家谱。

↑ 喜悦

编锁儿 要“开锁儿”，先要“编锁儿”。一般是孩子出生后，给孩子“编锁儿”，然后带上编的“锁儿”由长辈（父母、爷爷奶奶或姥爷姥娘）到村子西边的奶奶庙，先给庙里的送子哥哥戴一戴，摆供、上香、放炮（有钱人还会放烟火），意思是告诉奶奶，我的孩子要托付给您老人家，在这12年里，让奶奶保佑孩子平安、健康。回家后，给孩子象征性地戴一戴编的“锁儿”，大部分人家常常就把锁儿挂在家门后。旧时人们每年要在庙上编一次锁儿，一共编12年。

↑ 静待

开锁儿 12年后进行“开锁儿”仪式，凡是家有年满12岁的孩子，都在正月十四前准备好所有用品，准备好了就等正月十六啦。实际上许多人家十五晚上就不睡了，为的是开头道锁儿，人们认为开头道锁儿的人聪明，将来会大富大贵，所以正月十五晚上一到12点，人们就争先恐后向奶奶庙出发，更有的不到12点就提前来庙上等候。主要是这里香火旺盛、有求必应，善友们都来捧场助兴。正月十六时也会有好多外地人来这里开锁儿。

开锁儿时，先要在自家给孩子戴上锁儿架，从头往下戴在脖子上，把满月时编的锁儿共12条红线，拴在锁儿架上，再锁一把大铁锁儿，在奶奶庙神像前摆设所有的祭供物品，一般是摆些馒头、小米捞饭，现在好多人家摆上各种糕点、果品、菜肴等。供桌上，正面三位老人家，摆六碗供，两侧送子张仙、送子哥哥各摆一碗供，三碗茶水，三小碗捞饭，两个煮熟的鸡蛋，等都摆好了，点燃香炉里的香，燃香磕头。有钱的人家还会送匾、送帐子等。庙里的管事（多是上了年纪的善友）也会帮忙摆供安排，善友会向老人家禀报，说：这是谁家的孩子，姓甚名谁，来开锁儿来啦。然后善友手拿三根桃木做的鞭子，在孩子肩上轻轻打三下，边打边说“桃木鞭颤悠悠，打你三下别扭头”，或说“天门开地门开，我请奶奶开锁儿来”，或说“天门开地门开，再打顽童不再来”，说词不一，但都是美好的愿望。最后家长放炮，把孩子带回家，路上孩子不许扭头，回家后孩子写几个字，意思是长大啦，今后当个读书人。这样，开锁儿仪式即宣告结束。

婚嫁习俗

常言说：男大当婚，女大当嫁。男婚女嫁是人生中的大事。古村落婚嫁大事受传统习俗影响，男女双方要听从父母之命、媒妁之言，婚嫁习俗烦琐。

提亲 也叫“说媒”“议婚”。旧时提亲，一般由男方家托一个合适的中间人做媒人，到女方家说合。一般讲究门当户对，如双方父母同意，接下来就会商定彩礼数目，再将女子生辰八字、彩礼物品和数目写在男方庚帖背面，由男方请算命先生“合八字”。忌讳八字冲克，叫大相不合，民间有“蛇虎如刀斩，龙兔泪交流，白马忌青牛，羊鼠一旦休，金鸡犯玉兔，猪猴不到头”为属相不合；“玉兔宜黄狗，红马配黄羊，金牛合玉鼠，青牛遇黑猪，玉龙配金鸡”为属相合。年龄上习惯男略大于女。若无冲克，接下来就是订婚了。后来时代不断进步，男女平等，自定婚事的多了，但旧礼仍循，即使双方愿意也要走媒妁提亲、父母同意的老路。

订婚 两家商量好后，要举行订婚仪式，也叫“换帖”。所谓庚帖是将婚者姓名、年庚、三代、籍贯写清。一般选择双月双日，也有的选农历三、六、九日的。一般由男方家族中的长辈偕同媒人，携带聘礼、男方的庚帖到女方家，由媒人交给女方家族中的长辈，女方由家族长辈主持，设酒宴招待，近亲长辈参加。订婚后女子就被视为男方家族成员。

递戚 也叫下书，由男方家族长辈和媒人选吉日到女方家，商定结婚日期。需携带之前由女方提出的馒头数量，交与女方，女方给自己的亲戚分发，通知婚期（类似请帖），俗语叫“馒头有数戚有数”。亲友接到馒头后着手准备礼钱、礼物。女方由家族长辈主持，设酒宴招待。

旧时对结婚日期非常重视，专门请阴阳先生择日，根据女方属相选择“利月”吉日。女子属相利月为“正七鸡兔，二八虎猴，三九猪蛇，四十龙狗，五十一牛羊，六腊月鼠马”。日子一般要选双日或三六九日，讲究的请阴阳先生根据八字推定，一般忌讳初五、十四、二十三，俗语有云“初五、十四、二十三，老君闭炉不炼丹”。

迎娶 俗称“娶媳妇”“过红事”。男婚女嫁是人生大事，讲究喜庆热闹。旧社会以婚娶过事为准，现在则是男女双方到当地民政部门办理登记手续，领取结婚证即成为合法夫妻。领证前后要拍婚纱照。但农村仍要按老规矩办事，当然时代在变，办事程序也在变。

迎娶之前男方要整修院舍，装饰洞房，贴窗花，制备家具，准备烟酒菜肴、炊事器具，请吹鼓手，张贴对联喜字等，筹备工作紧张烦琐。过去置办婚礼用品及迎娶时忌讳寡妇、二婚等“不全唤”的人参加，现在已摒弃这些陋习。

另外还要商定婚事总管，安排执事人员，负责婚礼的具体安

↓ 浩浩荡荡的迎亲队伍

排。安排大厨房炒菜，二厨房做面，还有记账的、端盘子的、担水的、看火的、洗盘子的、接碗的、提茶倒水招待的等。过去是定轿问马，现在多是雇车。

女方嫁女俗称“打发闺女”，之前也要做各种准备，包括置办嫁妆，确定男女送戚和压轿孩，家族长辈要请出阁闺女吃“离娘饭”等。婚礼日男方在看好的时辰敲锣打鼓到女方家迎娶新人。前面放礼炮，跟着是仪仗队，鸣锣开道，彩旗、伞盖、金瓜、斧钺、朝天蹬等壮观气派。吹手鼓着腮帮吹吹打打，新郎冠服整齐，披红挂绿，骑马或坐轿（车）迎亲。过去随山西习俗是“等亲”，就是新郎不去接亲而在家等，但迎娶时要有一大红公鸡即喜鸡，送至女方家，预示喜庆吉祥。现在随河北习俗大多是“迎亲”，就是新郎前去迎娶，凡参加过事的都要在胸前佩戴红布大红花以示喜庆，路

↓ 婚俗——早生贵子

过村庄都要鸣炮示意车马行人让路。旧时认为金榜题名是大登科，洞房花烛是小登科，都是人生中的大喜事。男方到女方家，女方接待新郎及迎亲人员，送女客招待娶女客，新娘则盘头化妆，大家茶酒饭毕，离开时新郎要回头拜谢岳母，俗称“回头拜丈母”，岳母给一红包，从女方家启程时的顺序是，新郎骑马，娶女客跟随，接着是新娘轿（车），送女客分列左右，沿途贴红喜字。老汉沿途给看热闹者散发烟糖。路上遇到三岔路口、庙宇、水井、碾磨，都由一人拿红布象征性地遮挡，再让队伍通过，意为避讳挡邪。

到家时，门口竖两把红布捆扎的干草点燃，一般由新郎父亲先接财神，送入祖宗案前，新人跨马鞍，鞍上写“金鞍大吉”，鞍下放年糕，过火盆，象征今后日子平平安安、红红火火、步步高升。旧时由司仪手拿柳帽，帽中盛核桃、花生、枣和草段，给新人撒在头上（现在撒彩花纸屑），意在压三煞（青羊、乌鸡、青牛），为新人消灾辟邪，还有早生贵子、儿女双全等意，边撒边说一些吉利话，这叫“撒帐”（几种赞词列于后）。新郎下马后，要持桃木弓、柳木箭，向洞房射三箭以示祛凶。新娘入新房，关闭门窗，不许闲杂人窥视进入，由“全唤”的老年妇人给新娘“开脸”。然后拜天地、拜父母，父母给红包，夫妻对拜，入洞房。有时会简化为一拜天地，二拜高堂，夫妻对拜，送入洞房。随着时代发展，现在多请婚庆公司主持新式婚礼。

当地有“新媳妇三天没大小”风俗，乡亲们都来要长命干粮和喜糖，都能和新娘开玩笑，还有逗公婆的习俗，给公婆穿红挂绿、戴高帽、抹黑脸取乐。晚上听洞房、烟熏洞房等，叫作“听房”。如今社会发展了，人们开玩笑也更加注意尺度。

婚礼日女方亲友先到女方家上礼，礼物一般为衣服、布料等，女方家长辈抬嫁妆带领亲朋到男方家吃席叫“送饭”。男方长辈接待，交接展示嫁妆（俗称打食牢）。打食牢完毕娘家人才坐席。男方亲朋随份子钱祝贺。拜嫡亲，过去是磕头，现在是鞠躬，长辈给拜钱。有的婚后第二天“回门”，就是一对新人回娘家。有的男女双方长辈商定叫闺女的日子，有讲究的是七天后叫闺女，曰七天仙女，一般是女家长辈和平辈把闺女叫回，新娘在娘家住一个月后再由女方父亲送回婆家，谓之“住对月”。

婚后第一年的春节期间，新媳妇由男方族中同辈妇女引带到全族长辈家拜年，长辈给红包，表示已承认新媳妇是本家族成员，并请新媳妇吃饭。新郎也要到岳父母家过十五，拜见族中长辈，长辈请新郎吃饭，表示接纳新郎为亲戚。

随着时代的发展，婚嫁习俗也在不断发展演变，“媒人”“订婚仪式”等已逐渐变成一种形式，失去了原来的作用。近年兴起了新式婚礼、集体婚礼、旅游结婚等，人们都在不断尝试，且各个环节均会拍照、录像作为纪念。

旧社会男尊女卑，男人丧妻可续娶，女子亡夫则不准改嫁，现在男女平等，妇女改嫁不再受人歧视，还有权支配应得的财产。旧时倒插门的女婿往往会受到轻视，男方到女方家后不仅自己要改姓，若生育儿女也要随母姓，现在情况也已改变。

撒帐用语

在门口说的：

今日新人远路来，青龙白虎两边排，五谷铜钱当面撒，迎接新人下轿来。

在院中说的：

新人今日入宅中，富贵荣华万万重。

拜天地时说的：

一拜天地盖宅恩，二拜日月照灵恩，三拜父母养育恩，夫妻对拜知遇恩。

射箭时说的：

上搭三支雕翎箭，射杀洞房日子黑煞星。

在新人房中说的：

一撒天门开，二撒地门开，三撒青龙白虎两边排。

一撒天门开耶，喜呀！天官赐福来，喜呀！二撒地门开耶，喜呀！地官送子来，喜呀！

送子不送凡间子呃，喜呀！单送文曲星来，喜呀！

文一对耶，喜呀！武一双，喜呀！文武双双状元郎，喜呀！

撒帐东，帘幕深为烛影红，佳气郁葱长不散，华堂日日是春风。

撒帐西，锦带流苏四角垂，揭开便见嫦娥面，输却仙郎捉带枝。

撒帐南，好喝情怀乐且耽，凉月好风庭户爽，双双绣带配宜男。

撒帐北，津津一点眉间色，芙蓉帐暖度春宵。

丧葬习俗

人活一世，死生为大，丧葬便是人生大事。当地实行土葬，老人生前或病重时准备棺椁、装老衣裳等，旧有“厚葬”习俗，即棺椁木板尽量要厚，着衣讲究三、五、七层（穿单不穿双）不等，葬礼隆重，请吹鼓手，有的会请吹歌，连吹带唱，有的会请大戏连唱三天。宴请亲友到灵前吊唁等，礼节程序繁杂。

停灵 从人死亡到入殓（入棺）这段时间叫停灵，停灵时间不等，这一段时间要做的事很多。老人临终时讲究儿孙都守在身边，这样老人才能瞑目。将要咽气时装裹衣服，贫者穿三层，富者穿五层、七层或九层，里穿单衣，中穿棉衣，外穿外罩，男的外罩一般为长袍马褂（现在演变成棉大衣），头戴瓜壳帽（现在也有戴军帽的），女的穿花衣蟒袍，头戴凤冠。亡者所穿衣物不能带皮毛，民间认为亡者穿皮毛衣物来世会转生为禽兽。咽气后麻绳绊双脚，嘴里放用红线穿好的口含钱（民间认为不含口含钱，来世会成哑巴），腋部抱布鸡，用酒清洗面部，称“净面”。鞋袜上要有莲花祥云图案，表示脚踏莲花身驾祥云直升天界。用门板或木板设灵床，由孝子铺谷草芦席褥子，逝者仰卧在灵床上，枕头下垫瓦片，脚下垫脚衬。灵床前设供桌，点油灯（现在点蜡烛）、香炉，停灵期间孝子守灵，香不断灯不灭。用面团做打狗弹子，数量按当年月数，平年12个，闰年13个，意为进入阴间时，路上遇到狗咬以打狗弹投之。还要设衣饭罐子，每顿饭由孝子添饭，到出殡时添满，带到墓中随棺掩埋，意思是不让老人饿着。逝者咽气后，族中长辈还要带孝子孝女到五道庙烧断气纸、放炮、哭丧，表示送逝者到地府报道。

请总管、看日子 老人去世后，要请族中长辈来主管丧事，通知族人来祭奠、帮助料理丧事。由总管具体分工，各司其职。当地出殡要请风水先生看日子。由孝子或其他家人到风水先生家，先给风水先生叩头，禀告去世时辰，请教逝者魂落何处，推算出殡吉日吉时。

请人主、报丧 男子去世要请其姥娘家的人来当人主，女子去

↑ 百岁老人的葬礼

世请其娘家人来当人主。孝女回婆家报丧，穿孝衣号哭到家，孝媳回娘家报丧。人主来后要挑毛病，如棺材不好、寿衣不好，等等，孝男孝女要跪央人主，人主要对孝男孝女进行数落，列举对逝者生前的种种不好，表示人主与逝者很亲，孝男孝女不能辩解。

老人去世后，孝子要到亲戚家报丧，禀明去世时间和出殡日期。人主家亲戚由人主家转告。逝者女儿奔丧至娘家村口，一路大哭至灵前，有人劝解拉起方止。

设灵堂 一般人家在院子里搭设灵堂，居中摆放逝者遗像，摆放各种供品，过去供品多为馒头等，现在有各种糕点、烟酒等，逝者女儿要蒸猪羊供。有条件的会赁一组牌楼套祭竿供，有的光供品就占满大半个院子，亲戚朋友在灵堂前烧纸祭吊，由族中长者专门在此负责看管接待。

扯孝帽——披麻戴孝 逝者子孙要穿孝，孝用白布做成，孝的规格要严格按亲疏辈分来制定，有专人负责“扯孝帽”，孝布大小规格不能搞错，否则易引起纠纷。亲生儿女要穿重孝，儿子戴白孝帽，孝帽后缀麻团，穿白衣、白裤、白鞋，女儿、儿媳穿孝衫，用白布包头，穿白裤、白鞋，亲生儿女要腰系麻皮。侄子、孙子的孝帽小于儿子，帽后不缀麻团，穿白裤，侄女、孙女戴包头布，穿白裤。关系再远些的，男戴孝帽，女戴包头，孝帽、包头逐次缩小。这就是各种丧服，过去会因为一时疏忽，扯了大小不同的孝帽而发生矛盾，因为孝帽的大小代表孝子的亲疏远近。

剪岁数纸、糊招魂幡、糊孝棒 “岁数纸”是整张白纸剪成的条，按逝者年龄一岁一串，看岁数纸多少就知道逝者岁数大小。“岁数纸”挂在大门口，男左女右，出殡时随棺材运到坟上。招魂幡俗称“引坟杆”，用一根上端烤弯曲的高粱秆儿，顶端做红绿色纸小花，弯钩下垂吊白麻纸剪成的网状吊筒，筒下缀圆形八角环，每角缀小花一朵，下垂白麻纸剪成的长条纸人，筒中垂一白纸条幅，上书“童子引路上天堂”，整个幡杆用锯齿白纸缠贴。这也有讲究，关键是看谁打，儿子打的，多以白花糊成，孙子打的配以彩花，以此类推。孝棒俗称“哭丧棒”，要做很多根，用高粱秆缠贴锯齿白纸做成，孝子哭丧时拄哭丧棒（平日里说某某拿着哭丧棒是骂人的话，说明他家死人了）。

烧夜纸 一般家庭老人去世后要停灵开吊三天，也有五天、七天的，停灵期间，每天晚上孝男孝女由族中长辈带领到五道庙烧“还魂钱”，俗称“烧夜纸”，给逝者送“买路钱”。长辈带领，男子在前女子在后，拄哭丧棒号哭，跪在庙前烧纸后，男子先起身，女子侧跪，脸朝外不能迎面互哭，男子走过去后女子起身，随后号哭回家，到家后在灵前磕头，孝女在灵前哭一会儿，族长叫起方止（平日里说“去哪烧夜纸啦”是骂人的话）。

吊丧 俗称“吊孝”，远近亲戚朋友，里闾乡邻得知丧信都到丧主家吊祭，亲戚送供品、花圈，朋友有的送幛子、花圈、挽联，有的持钱奉礼，先到灵堂前烧纸磕头，再到灵前瞻仰遗容，乡邻有的奉礼，有的只来烧纸，以示哀思。

丧主家事先安排族中年长者为礼宾，在灵堂前接待吊祭者，专人登记供品礼钱，有吊祭者来时，孝子需陪人祭吊，长辈高喊“孝子磕头”，丧房内守灵的孝男跪地孝女趺坐，在灵前恸哭。

守灵值夜 停尸期间丧房不能没人值守，孝子孝女、孙子侄儿晚辈24小时值守，续香火灯油，防止猫狗等入内。老人去世后一般要打开家门，即使冬天也是如此，为的是通风，不让尸首腐坏，现在好了，用上冰棺，就是三伏天也不用担心。

扫墓 出殡日先有逝者女儿或儿媳骑毛驴，头顶簸箕笤帚，到坟地墓室打扫卫生，称“扫墓”。实际是打墓之人在墓中扫三下，扫回一些土来，日后包成小包放在自家瓮上，说日子会好过，实际上是说，家中有老人坟上的土，我们都是一家人，都在一样的土中生活。

收殓 出殡前将逝者移入棺材叫收殓，也叫入殓。一般在出殡日中午招待完亲朋后进行。将棺材抬入丧房，头前尾后，前后用板凳支起，棺内铺谷草撒石灰，孝男孝女撒垫背钱（过去撒铜钱，现在撒硬币），将亲儿子、孙子、侄儿等缝制的褥子铺好，再将逝者抬入棺内，盖上女儿、外甥等做的棉被，主管长辈喊：家下人辞灵。孝子们号哭，钉合棺木。整个过程所有人不许提名道姓。

出殡 负责抬棺材的人叫“抬重的”，其中有一人“扛大头”，即在棺材前背扛，其他抬重者协助，将棺材抬至大门外空地捆绑，棺材上放“领魂鸡”，前后系长绳，孝子们在前托起长绳，有条件的用白布拖灵，执花圈、挽幛，叫托灵。孝女在后，叫送殡。逝者本族直系子孙中最小辈打引坟杆，出殡队伍一般是放炮的在最前边，吹鼓手、顶团圆被的、抬供桌的、打幡的、孝子随后，孝女跟在棺材后。孝子都拿哭丧棒，一律佝偻前行，号啕大哭。出殡时讲究热闹人多，爆竹震耳，鼓乐齐鸣，哭声一片。村中老幼路边围观，送别逝者。

路祭 出殡时在供桌前烧化纸钱叫路祭，首先是人主家路祭，然后外甥女婿等亲戚路祭，遇路口或别人家门口，会有乡邻拦灵路祭，以示哀悼。

下葬 到墓地后，由抬重的用绳索牵吊棺木导入墓室中，调好位置，棺前点万年灯，灯旁放遗饭罐，如果属合葬要盖团圆被，一切妥当后封堵入口、垒压墓石。孝子先执铁锹填土，随后打墓的、抬重的动手填平墓穴，将余土堆到墓上形成坟头。在墓穴口上摆祭台石，将引坟杆插在坟头上，孝棒分插坟头四周。下葬完毕。领魂鸡由背大头的带走，抬棺木的老杆由二孝子扛回。丧主家设酒答谢“落忙的”。第二天，孝子要带馒头糕点等到人主家看望老娘舅舅，名曰谢孝。

做三日 也叫复三，安葬后第三天，本族近支、亲戚带供品（现在多是带点面粉或糕点）、纸钱到丧主家复三，丧主家备饭菜招待。孝子、孝女上坟祭祀。

烧七纸 从逝者亡故之日算起，每隔七天上坟烧纸一次。如果逝者的某个“七”与农历的七（初七、十七、廿七）重合，叫“犯七”，若“犯七”要“做伞插旗”：用五色纸剪成三角小旗，糊彩纸小伞，煮小米捞饭，从村口到坟头沿路插小旗，放一小堆米饭，剩下的小旗插在坟头上，米饭撒在坟头，小伞插在祭台石后。

做尽七 逝者满七七四十九日叫“尽七”，亲戚近族带供品（现在多是带点面粉或糕点）、纸钱到丧主家做“尽七”，丧主家备饭菜招待。孝子、孝女上坟烧纸祭祀。

做新坟 逝者从去世到次年清明节如超过百天，要做新坟。如不够百天，则下一年清明节再做。清明节前一天，亲戚近族带供品（现在多是带点面粉或糕点）、纸钱到丧主家做“新坟”，丧主家备饭菜招待，孝子、孝女上坟祭祀。

从古至今就有看风水选阴宅之说，在埋葬上讲究也多，如父子之间，子先故不入主坟，夫妻间，妻先故也要寄埋在别处，待夫故后一块儿入坟，男子未婚而亡故的要找干骨成亲。穿白鞋更有讲究，父先故孝子女的白鞋右后跟留一缺口，母先故的左后跟留一缺口，父母双故白鞋不留缺口。

棺柩的绘画前边是亡者灵位，中间写××灵位，后边男亡画寿字，女亡画莲花，即男蹬寿，女蹬莲。过去父母双亡子女服丧三年，现在已不用，但子女应穿白鞋一双，以示哀悼。逝世于外地的叫外丧，运柩回故里，忌讳抬人入家，特别是非正常死亡者，需停灵村外，吊丧而埋。随着时代的进步，殡葬改革不断进行，殡葬程序渐渐化繁为简。

梁江节日程序繁

熬年

每年除夕之夜大梁江村有熬年的习俗。在外的游子年三十回家团圆。通常家族中晚辈要到族长或长辈家中熬年，因为家有家长，族有族长，家中不能解决之事，往往依靠族长。一年中最隆重的日子，自然也要在长辈或族长家度过。大家攀谈饮宴，畅谈至半夜，俗称喝辞岁酒。

拜年

正月初一一大早，人们早早吃过饺子，穿上新衣一起去长辈家中磕头拜年。高祖父母、曾祖父母、祖父母、父母、大伯大娘、叔叔婶子，由内及外，从大到小，挨门挨户，大家族会从早上磕到晌午后，大家都是喜气洋洋，热热闹闹。

二月二

在大梁江自古就流传着“不过二月二，就是没过完年”的说法。所以正月初一是过年的开始，二月二是过年的结束，其程序说道，远远多于正月初一。一般流程是：

二月初一前，要炒好馇面，初一下午围房子。初二，早上喝馇，中午蒸干菜根、吃面条，晚上吃饺子，送祖宗。初三剃头。这些都做完才标志着正月过完啦。

初一下午围房子，具体做法是：用灶火的灰，沿自家的房墙四周撒一条曲曲弯弯的灰线，边撒边说："一把灰，两把灰，送走青龙黄龙回；三把灰，四把灰，蚰蜒蛇蝎死成堆。"当地人说，青龙是懒龙，黄龙是钱龙，撒灰能把懒龙驱走，引进钱龙。围了房子，小孩在墙根玩耍，即便有这些害虫也不会伤孩子，可保佑人财两旺。还说二月二龙抬头，想要龙抬头，就得撒灰把龙引出来。再给大人小孩围一圈，就是一人站在那里，另一人端着簸箕用小棒敲簸箕的边，灰就出来啦，边敲边说"围围身，蚰蜒蛇蝎不上身"，围成一圈后，人从圈里跳出来，就能辟邪。也有的在二十四节气的谷雨进行，说："谷雨日，谷雨时，我请谷雨大将军，茶三杯，酒三盅，撵出蚰蜒蛇蝎千里外。"把全家人围遍，院子里就留下了一个个大大小小的圆圈圈，人们说这是围成

↓ 二月二围围身，蚰蜒蝎子不上身

的仓库，预示着今年又是一个粮食丰收年。老人们说："二月二龙抬头，大仓满小囤流""二月二龙抬头，家家户户用耕牛"。因此老辈人起名字时多用梁满囤（预示粮食满囤）、梁满仓、梁大囤、梁小囤、梁如山、梁如海、梁添仓、梁囤园、梁囤尖、梁栋海等，都希望梁氏（粮食）多些。围房子有兆祥纳福，辟邪驱虫的作用。这恐怕与当地气候有关，由于大梁江地处旱庄，常年干旱少雨，特别是年年春旱，而赖以生存的农业又离不开水，病虫害又是庄稼的天敌，所以老百姓将求雨和消除虫害就渗透到日常信仰中来，利用龙抬头这个节日，依靠对龙的崇拜来送凶迎福，其中寄托的是百姓对美好生活的向往，希望龙神赐福人间，六畜兴旺，五谷丰登，财源广进。

↑ 花馍

初二打错、储糕、吃面条。所谓打错，是把小米磨烂后，再在锅里配上葱等调料炒这些米面，这是最讲究的技术活。都说米面各家炒的是各家的味道，远远就会闻到不同的香味，到了初二早上，烧开锅，把浸过的馅面倒进去做成粥状，喝的时候泡上煎饼，那是越吃越香。煎饼是早就摊好的，二月二龙抬头嘛，什么都和龙有关，摊煎饼叫揭龙皮，煎饼就是龙鳞啊。吃喝之前先得去龙王庙烧完香才能吃的。

中午一般要储糕、储干菜根，吃面条。讲究是，过年撒的糕可以吃完了，意味着步步登高。储干菜根，是把去年秋后收获的菜根，除了冬天吃的，其余窖在地里，到了二月二再刨出来，上锅蒸熟手拿着吃，老辈人讲“吃了去年的干菜根治牙疼”，有医疗效果啊，大家都要吃几个。其科学性，笔者走访了一位老中医，他说大梁江人所说的菜根，不是所有蔬菜的根，是专指蔓菁，因为大梁江人从山西迁来，许多方言与山西相似，比如瓜，河北人叫北瓜，大梁江人随山西叫南瓜，蔓菁在大梁江叫菜根。菜根种植方便，食用价值高，三国时诸葛亮曾将其作为军粮供应士卒，这和过去“粮不够，瓜菜代”是一致的。有研究表明，菜根和萝卜相似，营养价值高，富含维生素、钙和叶酸，现在仍是农民秋冬时节的食品，到了春天就不大好吃了。老中医说，菜根有开胃利湿解毒的功效，冬天煮食，能消宿食下气、治咳嗽。这是有道理的。还有把正月做的面羊、面猪头、花糕、花馍储存起来吃。还有吃面条，讲究薄擀细切，那是龙须啊。

晚上大多吃饺子，送祖宗。每到正月，家家户户都把祖宗牌位请进门，意思是把列祖列宗请回家中过年，现在年过完了，再把他们送回去，焚香上供，烧纸放炮结束。然后吃饺子，饺子代表龙耳朵。

旧时要让孩子开始写字，说“二月二龙抬头，龙不抬头我抬头”，取龙抬头的吉兆，希望孩子长大后识文断字，能独占鳌头。这个简单的举动，包含了大人对孩子的殷切希望，更是自己对美好未来的希望。而妇女们却有很多禁忌，如不能动针线，怕伤了龙眼等，如今已没有这样的习俗。过了二月二开始做针线活。还有个说辞“吃正月，坐二月，悠悠晃晃到三月”，这恐怕是懒人的借口。

初三人人要剃头，现在是理发。老辈人讲“二月初三割贼毛”“正月里剃头妨舅舅”，从腊月二十三起一个多月是不剃头的，所以一过二月二，人人都来剃龙头，预示一年有好的开头，尤其是孩子，给孩子理发叫剃喜头，借龙抬头的喜气，保佑孩子健康成长，长大后能出人头地。大人理发辞旧迎新，希望带来好运，一年当中，顺顺当当的。即使没空理发的人，也要在发梢剪几下，以示剪去过去的晦气，迎接崭新的未来。

↑ 正月吃饺子

民间传说故事多

大梁江流传着很多民间传说故事，有的劝人行善做好事，有的逗人开心取乐，有的蕴含哲理，有的发人深思。

武举人的故事

清乾隆三十三年（1768）戊子科乡试，大梁江村出了个武举人梁深，他豪爽仗义且力大无比，为乡里称赞。那还是他十几岁的时候——一天，父亲让他去赶集，他赶了两头毛驴，驮着两口袋粮食，准备到集上粜了，再买些油盐回来。那天，集上车水马龙，熙熙攘攘，好不热闹，只听前边一阵喧闹，就让出一条道来，梁深想正好看个究竟，便扬鞭赶驴，没走几步便与一队车马相遇。只见对

↓ 大槐树下赶个集

方前呼后拥，甚是威风，梁深想：肯定是个头面人物，我得给人让道，正要转身往回返。不料已经来不及了，那人挡了道示威，看热闹的人已把他的两头驴挤在人群中。梁深不想动手，又怕碰了那两口袋粮食，四下一望，就见路边有人家门口有个平台，就忙说：“别急，我给你腾个地方。”

他一弯腰，两手一挟，连驴带粮食一并抱起来，放在了门口的平台上，回头，又一挟将另一头驴也抱到了高处，这里马上腾出个场地。那伙人一看，傻眼了，嘴上不说心里言道：这汉子有多大力气啊，光一头驴也有三百多斤，一口袋粮食一百多斤，加上鞍子辔头，足有五百斤，就这么两挟，就抱到了高处。那伙人愣在那里不动了。

寒号鸟和乌鸦

话说刘秀被王莽一路追赶，藏入障城东面的一道山沟里，才有了今天的“掩驾沟”“大王帮（莽）”。躲过了王莽的追杀之后，刘秀继续西行。

这一日来到大梁江，出了村刚上路，就又听见王莽带兵追来，吓得刘秀浑身发抖，拼命向前跑，跑不动了，正好看见前面一老农赶着大黄牛在犁地，便向老农求救：“大伯，你看后面追兵追杀我，请大伯救我一救，日后一定不忘你的大恩大德。”刘秀急得又是作揖又是求告。老农急中生智说：“你躺在犁壕里吧。”又用几犁土将刘秀盖了个严实。王莽的兵到了，叫喊：“老东西，可曾见有人从这里跑过？”老农说：“我正在犁田，倒好像有人匆匆跑过，工夫也不小了，别的没见。”这时树上的寒号鸟大叫：“犁壕寻，犁壕寻。”天边又飞来一只乌鸦大喊：“瞎话，瞎话。”这时刘秀在犁壕里听得清清楚楚，心想：大伯救我性命，我不忘恩德，你们这两只鸟我也不会忘记。刘秀再一次躲过了追兵。

待追兵走远，老农又把自己的干粮送给刘秀，刘秀吃了干粮，有了精神，对老农说：我乃大汉王室后裔刘秀，今遭王莽贼兵追杀，幸亏大伯相救，日后待我登基之时一定加封大伯。老农一听，受宠若惊，跪倒就拜，口里喊着：“千岁千千岁，路上一定多加小心。”

后来刘秀坐了天下，大封功臣，想到了逃难路上的那个老伯，便派人请老伯进京受封，无奈宫人如何寻找却再也找不到那个善良之人。刘秀忘不了寒号鸟和乌鸦之事，他令寒号鸟冬天不许长毛，不许住在树上；令乌鸦能走遍天下，不受拘束。所以至今寒号鸟一到冬天毛就脱光，冻得它只好钻在山洞中叫唤：“哆啰啰，哆啰啰，老天冻死我。”

其实，耕过地的人都知道，犁壕再深也不过几寸，怎能容得下一个人躺，即使躺得下，又怎能埋住了？这个故事其实是为了劝人向善。

婚俗的传说

说起婚俗，不同的地方有不同的形式，而在当地流传的婚俗风尚与“周公与桃花女”传说有关。

在大梁江一带，民间婚嫁的习俗风尚至今还沿袭着许多传统形式，如男方求婚时，要“下庚帖”“送食箩”；新娘出嫁时，要“穿红袄”、蹬“黄套鞋”、戴“护心镜”、蒙“红盖头”；迎亲途中“鸣锣放炮”，娘家兄弟“送亲押轿”，遇到奇石怪树、井台磨坊，要贴“红喜帖子”；迎亲队伍“不能走回头路”；新娘到了夫家要“拉弓射箭”“过马鞍”“踩红毡”“迈火盆”；新郎家前门要点“长明灯”、撒“门卫子”、竖“秆草个儿”，门头上要放“年糕”，天地桌上要放“斗”、搁“秤”；拜堂时要“撒草料”。对这些婚俗习惯，这一带的乡亲父老几乎都能说出个子丑寅卯，因为“周公与桃花女”这一传说与这里的婚嫁习俗有着直接关系。

据说周公与桃花女是两个传奇人物，特殊的身世和机遇使他们获得了常人没有的本领，周公得到了天书的上卷《天文》，桃花女得到了天书的下卷《地理》，上卷可推算阴阳运转，下卷能破解沉浮祸福。两个人都用自己的本领为老百姓化危解难，成了人们心目中的神。但拥有天书上卷的周公还总想得到下卷，于是设下一个个玄机加害桃花女，结果被桃花女一次又一次识破。最后，周公竟想出了假意求婚的招，在迎亲的途中设下连环计欲害桃花女，结果又被桃花女机智破解。

不论这些婚嫁习俗有何种解释，都是周公与桃花女结亲时流传下来的。年过七旬的老人梁继爱结婚时还赶上了坐花轿迎娶，她当时坐的是四人抬的花轿，这是大梁江村新娘最后一次坐花轿了。后来，迎娶新娘时，花轿就被马车替代了；再后来，自行车又替代了马车；到现在，迎娶新娘已经用上汽车了。这是婚俗中交通工具的变化。

这一带男婚女嫁之礼渐渐形成自身特殊的习俗，比如，办喜事当天，迎亲的人们为了“避五鬼”不能走回头路，遇上怪石、深井、石磨要贴红喜字辟邪，这样可以逢凶化吉、遇难呈祥。后来，人们又把新媳妇进夫家门“过马鞍”引申为“平平安安”之意，新媳妇“踏红毡”“迈火盆”，意为日子“越过越红火”，等等。

山棱垴和三皇姑

关于山棱垴和三皇姑的故事版本不同，现列其一二。

大梁江村的背后有个山棱垴，海拔近千米，是当地的“珠穆朗玛峰”，山腰有个洞，洞很大，大石台像炕，方石头像桌，旁边有一小石坑能盛水，传说三皇姑在此住过。

隋炀帝平日花天酒地，荒淫无道，不久得了病，浑身长满了毒疮，看遍名医也不见好转。后来，有道人说，这病需亲人的双眼、双手和心脏做药引，才能治好。隋炀帝有三个女儿，为了能治自己的病，哪还管亲生骨肉死活，让大女儿给他治病，大女儿不给，问二女儿，二女儿不从，三女儿南阳公主（又称三皇姑）听说了，自己亲手挖眼剜心剁手，献于父皇。隋炀帝见到血淋淋的“药”不禁毛骨悚然，病也好了。

↑ 山棱垴与古村落

三皇姑马上离开了皇宫，一路上她骑着老虎，前有小白兔引路，跋山涉水就来到了大梁江，在高山脚下的山洞中住下来。谁知第二天晨起时，突然发现山下有一人正冲着洞口方向方便，顿觉晦气，便计划离开这里。走出山洞想向山顶走去。哪知，上了山顶，刚一坐就见山顶陷下去一边，换个地方再坐又凹下去许多，从此一座原本高而平的山梁出现了两处凹陷，形成了现在看到的“凸”状，后人称“三棱垴”，也叫山棱垴。

三皇姑修行报恩

又相传南北朝时期兴林国国君妙庄王有三个女儿。长女妙音、次女妙元、三女妙善。长大后妙音、妙元都招了驸马，享受起荣华富贵，唯有三皇姑笃志行善，虽生性聪明伶俐，不学描龙绣凤，而在宫中秘修禅事。三皇姑十六岁时妙庄王将她许配给宰相李龙之子李炳，她执意不肯，连夜逃出皇宫，至民间躲避。

三皇姑辗转多日，于九月十九来到白雀庵，皈依佛门。消息传入宫中，妙庄王给老尼师下一道密旨，要她事事刁难三皇姑，使其回心转意。寺内有个黄龙和尚，酸言酸语，侮辱调戏三皇姑，三皇姑置之不理。后来白雀庵僧尼造谣说三皇姑不守清规戒律，没想到消息传入皇宫，惹恼了妙庄王。他虽下令刁难三皇姑，却没想坏自己女儿名声，于是下旨火焚白雀庵，五百僧尼冤魂升天。玉皇大帝看不惯妙庄王所为，派太白金星用通天避火绳搭救了三皇姑。

三皇姑得救后，决心到太行山修行，路过邢台地界双楼村。连日旅途颠簸，疲惫不已，便在平地上休息，将灌在鞋里的灰尘抖了抖，平地立刻从南到北隆起了三座山，老百姓叫它“三台山”。

三皇姑西走太行，一路化缘修行，历经和顺、昔阳、平定，来到大梁江村，当时还叫甘桃村。三皇姑看到这里桃林满沟，翠柏悬崖，山峻岭腾，不愧是修炼之仙境。五月十三来到甘桃村，看到北山群山聚会，众水归朝，草盛木繁，万象罗森，山棱高耸入云，红光普照，金光四射，依山面水，藏风聚气，真乃太行之秀，修行之圣地。她又来到山垴掌天仙洞。早上气爽山顺，极目万里，下午红光照耀，暖在人间。

然而下山来向东缓行，想到自从白雀庵被大火烧毁，而自己颠沛流离、不能安身，百感交集，放声大哭，惊天动地，不料感动太白金星，派了一只斑斓猛虎驮她上了苍岩山，她登上苍岩山山巅，看到奇山秀水，景致千万，仙气聚集，定居下来，潜心修炼，日日净手焚香，虔心悟道。转眼九年过去，三皇姑于农历三月十六修成正果，日赴千里，眼观万里，普度众生。

自从火焚白雀庵，妙庄王的母亲一怒之下病倒了，妙庄王也神志恍惚，噩梦频繁，患了一种怪病“人面疮”，求遍天下名医，连得了什么病都不知道。三皇姑不计旧恶，主动下山给父亲治病，治好了妙庄王的“人面疮”。

妙庄王感念三皇姑救命大恩，率百官到苍岩山册封，本想封她为“全手全眼”，因太激动说成“千手千眼”。妙庄王金口玉言刚说完，三皇姑圣象便展现空中，长出了千手千眼，千眼观遍世界不平事，千手守护受苦受难人。妙庄王修庙宇，重修白雀庵，至今在人们心中苍岩山三皇姑名望高，法无边。

人心不足蛇吞“相”

相传宋仁宗年间，有一户人家母子二人相依为命，母亲年迈多病，不能干活，儿子王妄三十岁还没讨上老婆，靠卖柴草维持生活，日子过得很苦。

一天王妄跟以往一样到山上去砍柴，无意中发现草丛里有一条七寸多长的花斑蛇，浑身是伤，动弹不得，王妄动了怜悯之心，带回了家，小心翼翼地为它冲洗涂药，蛇便苏醒了，冲着王妄点了点头，表示它的感激之情。母子俩见状非常高兴，赶忙为它编了一个小荆篓，小心地把它放了进去。从此王妄母子俩对蛇精心地护理，蛇的伤逐渐痊愈了，蛇身也渐渐长大，而且总像是要跟他们说话似的，很是可爱。小蛇的到来为母子俩单调寂寞的生活增添了不少乐趣。

日子一天天过去，王妄照样打柴，小蛇整天在篓里，一天小蛇觉得闷在屋里没意思，便爬到了院子里晒太阳，让它意想不到的是，被太阳一照，蛇身变得又粗又长，犹如大梁，撞见此景的王母惊叫一声，昏死过去。等王妄回来，蛇恢复了原形，却用人语着急地对王妄说："我今天失礼了，把你母亲给吓死了。你赶快从我身上取下三块小皮，再弄些野草，放在锅里煎熬成汤，她喝下去就会好。"王妄说："不行，这样会伤害你的身体，还是想别的办法吧！"蛇催促着说："不要紧，你快点，我能顶住！"王妄只好流着泪照办了。母亲喝下汤很快苏醒过来，母子俩又感激又纳闷，可谁也没说什么。王妄心里暗暗认定这条蛇非同一般。

话说不久之后朝廷张贴告示，谁能献上一颗夜明珠就能封官受赏。这件事传到了王妄的耳朵里，他回家对蛇说了此事，蛇思考了一会儿说："这几年来你对我很好，而且有救命之恩，总想报答，可一直没有机会，现在总算能为你做点事了，实话告诉你吧，我的双眼就是两颗夜明珠，吃了我的肝胆可以长生不老。你将我的一只眼睛挖出来献给皇帝，你就可升官了，老母也能安度晚年了。"王妄听了很是高兴，可他毕竟和蛇有感情了，不忍下手："那样做太残忍了，而且你会疼得受不了。"蛇说："不要紧，为了你，我能忍住。”于是，王妄挖了蛇的一只眼珠，献给皇帝，满朝文武从没见过这么奇异的宝珠，到了晚上，宝珠发出奇异的光彩，把整个宫廷照得通亮，皇帝非常高兴，封王妄为大官，并赏他很多金银财宝。

皇后听说了此事，也想要一颗宝珠，坐在宋仁宗怀里撒娇，宋仁宗无奈，再次下令，谁能献珠，就把宰相位子留给他。王妄想如果我把蛇的第二只眼珠献上，那宰相不就是我吗？一人之下，万人之上，蛇一定会答应我的。于是他到皇上面前说，自己还能找到一颗，皇上高兴地把宰相位子给了他，宰相府、宰相轿，前呼后拥好气派，可没想到，王妄的卫士去取第二只眼睛，蛇无论如何也不给，说非王妄亲自来才行，王妄只好亲自来见蛇。蛇见了王妄直言劝道：“我为了报答你，已献出一只眼睛，你也升官了，发财了，就别要我的第二只眼睛了，人不可贪心。”王妄早已鬼迷心窍，哪里能听得进劝，厚颜无耻地说：“我不是想当宰相吗？你不给我，我怎么能当上呢？况且我已和皇上说了，宰相也当上了，你不给我，我不好收场，你就成全我吧！”蛇见他如此无情、贪心、残忍，气坏了，就说：“那好吧，你拿刀子取吧！不过你要把我放在阳光照射的院子里去取。”王妄早已等不及了，对蛇的话也不分析，一口答应，转身去取刀子，等他来剜蛇眼时，蛇身已变成大梁一般，眼珠大得像西瓜，张着大口，王妄吓得魂都散了，但还是被蛇一口就吞下去了。人心不足蛇吞“相”就是这样来的，名利无情，欲壑难填，及时醒悟，为时未晚。

民间艺术放光彩

悠悠古村在向世人展示其独具特色的古村落风貌的同时，也在将优秀的地方传统艺术不断发扬光大。其中村中建筑考究的戏楼，反映出曾经的辉煌。大梁江曾经有自己的晋剧团，成员以村民为主，至今已有300余年历史，使古村落充满着浓郁的文化气息。

大梁江晋剧团

早在清乾隆年间大梁江晋剧团就小有名气。剧团由本村人梁绩创立。随着时间推移，大梁江晋剧团演职员队伍不断壮大，仅各类历史名剧剧本就有100多部，精品剧目包括《上天台》《麒麟山》

↓ 老戏台上唱老戏

《下河东》《金沙滩》等多部戏。

大梁江晋剧团在近现代曾涌现出不少远近闻名的晋剧艺人。本村艺人梁云（因京剧名家金少山而改名为梁少山）既任教员又善画脸谱，因秉承师父牛来宝亲授技艺，其配料画的脸谱经大汗不落色，堪称“一招鲜”。他以演二花脸出名，享有“活张飞”之名，曾参加山西省晋剧会演大赛，荣获二等奖，他从一名农村剧团演员逐渐成长为在县级剧团担任业务团长之职的名演员之一。须生梁公义，老旦、彩婆梁喜根也颇受观众喜爱。旦角梁银和以其“唱腔甜润，身段苗条，扮相逼真”令许多观众为之倾倒，他在山西一带乡下演出时，竟然出现了一些“粉丝”争拉强拽请他吃饭的场面，一时传为佳话。

每逢节庆和庙会，这些乡村艺术团在当地巡回演出，洋溢着浓厚的山村乡土文化气息。这里家家都有唱戏的，对晋剧情有独钟。著名艺人王桂兰、柳秋香等，由太原坐火车到城关后，或骑驴或步行四十里路来此献艺授教。梁少山就是从这个戏台，唱到了和顺，唱到了太原。其弟子王二庆、王晓平是中国戏剧“梅花奖”得主。

唱戏的故事

偏僻的小山村，过去唯一的娱乐活动就是唱戏。农闲时节，大家聚在一起学戏，每逢节日在老戏台唱戏，因此村里家家都有唱戏的。但毕竟是农民，也就闹出了许多笑话，有时为了不丢戏，他们会临时增减唱词，这也反映了老百姓的聪明智慧。

唱戏离不开杨家戏，杨家戏少不了包拯。包拯包相爷是大花脸，打脸（画脸上妆）比较费工费时，偏偏那天唱包拯的人家里有客，就来迟了，刚画好脸，锣鼓家伙一响该上场啦，他急忙穿戴更衣，就出来了。一亮相，“老夫”一捋胡须，哎，咋没戴胡须？这可怎么办？只能急中生智唱了两句：“家伙一响就上台，上台忘了戴胡才（胡须），王朝马汉等等我，戴上胡才再出来。”引得台下叫好连连。

过去大多在正月里唱戏，而每年的正月是老百姓走亲访友拜年的忙时候，就免不了有些冲突。这不，唱包拯的去唱戏了，家里老婆从娘家回来，还进不了门，也就顾不了许多了。包拯正在台上唱呢，看见自己老婆在戏台下，知道是来拿钥匙。他灵机一动，加了句：“王朝、马汉。”“有！”“告诉你家夫人钥匙在门头起呢。”老婆听到，转身回家了。

有经验的演唱者，往往可根据剧情自编自演，有的人就编了这样的戏词唱道：家住在庙嘴坡槐树以东，宅家院戚位里有我家门，自幼儿跟祖上学习孔孟，好读书求甚解学武习文。

有个谚语“看戏别看前晌戏，但看后晌火焰驹”，说的是好戏在后头，这是懂戏的。还有不懂的，说的是在核桃岩送戏，最后一场戏报是《满床笏》，也叫《满堂红》，等唱完了，村干部讲话，“明明唱了《打金枝》，偏偏非说《满堂红》”。这给人们留下个歇后语，核桃岩家看戏——不懂，因为晋剧的名戏有很多。《打金枝》《骂金殿》《三娘教子》《牧羊圈》这是晋剧的绕口令，即使是一场戏也有好几个名称，如《铡美案》也叫《秦香莲》《秦香莲告状》《明公断》，《走山》也叫《义仆忠魂》，同样《打金枝》也叫《满床笏》《满堂红》。

以前逢年过节，前后沟道，上下邻村，都有戏，都要互相去演出，今天你村来我村演，明天我村去他村唱，只管饭不挣工钱，叫“送戏”。到了最后一场完了，演员要谢幕，台下观众要叫好，就说“唱得好，再来一个”，这时候团长会出来打圆场“对不住啦，没有准备”。团长虽然这样说，但往往都有准备，观众如果再叫好，只好再唱个小段，皆大欢喜。有时也有没准备的，观众不散的。有一年正月在枣树沟送戏唱了三天，计划第三天晚上唱完戏就连夜回家的。谁知下午就开始下雪，到了晚上已经一尺多厚，唱完了观众就是不走，只好唱了个折子戏《写状子》，“再来一个，再来一个”，团长几次打圆场都不行，没办法只好编瞎话“有个演员肚子疼”，后台里卸幕走人，演员们扛着服装道具，拄着棍棒，冒雪在山间小路上跌跌撞撞走着，十多里路，等到了家里已是五更天啦。

还有一次在固驿铺会演，主题是欢送子弟兵，是由大梁江梁毛文、梁斌演唱《走山》。两位演唱者非常投入，想到戏中的一家，触景生情，声泪俱下，倾诉衷肠，感动了全场观众。

↑ 扇鼓祈福

民间艺术打扇鼓

扇鼓，顾名思义是一种扇形的鼓，手柄处常常带有制钱，左手持鼓，右手拿槌，打击而响，所以一般叫作“打扇鼓”。一摇一敲，沉着质朴，环佩叮当，原本属于祭祀文化的一种。过去每逢初一、十五，或各位神灵寿诞等，都有善友在相应的地方

↑ 大梁江打扇鼓

打起扇鼓，唱起经文，从这个意义上来说，扇鼓也是一种最乡土的民间说唱艺术。打扇鼓一般由6人以上组队而成，有的围坐在庙堂里打击吟唱，有的在广场上加以舞蹈形式，有的则是在大街小巷行进表演。井陉扇鼓在击打、串场、布阵方面都极富特色，柔而带刚，节奏感强，韵律十足，也是锻体身体的一种好方式。其唱词一般多晦涩难懂，而大梁江唱词则多是祭祀神灵或者劝人行善做好事的词语，能满足人们辟邪除灾、迎祥纳福的愿望。大梁江的唱词朗朗上口，通俗易懂，劝人向善，颇具深意，故特别辑录如下。

十大劝

一劝世人孝为本，黄金难买父母恩。
孝顺生恩孝顺子，无子养恩无义人。
我说这话你不信，看看你村界世人。
老猫枕鸡卧床睡，人人一辈转一辈。
为人不把二老孝，你算世上什么人。
二劝媳妇孝公婆，孝敬公婆好处多。
又看门又做饭，又是你的看娃婆。
劝敬父母免罪过，以后你把孝名落。
我说这话你不信，三十以后你当婆婆。
三劝公婆没要偏，闺女媳妇都一样。

闺女不过常来往，媳妇每天在面前。
又干活又做饭，铺床叠被把饭端。
闺女虽然待你好，能在跟前孝几天。
四劝兄弟要互敬，你们本是同胞生。
兄又让弟又敬，分点家财没要争。
有事互相都照关，要学桃园三弟兄。
千万不要听闲言，听上闲言坏事情。
五劝众人没豪强，豪强易怒惹祸祥。
要学学个长比让，厚增人人福寿长。
大家都来看世上，豪强人人不久长。
六劝夫妻互敬爱，恩恩爱爱过一生。
有事夫妻常商量，不要任意乱胡行。
妻尊夫夫爱妻，妻贤夫爱度时光。
和睦家庭人人敬，别让二老挂心中。
七劝妯娌要相和，和睦妯娌没淡薄。
你做饭她看火，比你一人干活多。
要是咬嘴把家分，个人去干个人活。
过事两家不想问，街坊邻居笑哈哈。
八劝嫂嫂和姐妹，姐妹本是一门亲。
常来娘家都一样，哥哥嫂嫂都多近。
九劝男女青年生，学习上学苦用功。
在家要听父母劝，在学要听老师言。
努力学习苦用功，若去考试占头名。
十劝男子到中年，人家打架别上前。

三拳二拳人打伤，拉拉扯扯去见官。
打得轻了给人看，人家看病你花钱。
打得重了去坐牢，个人受罪老难看。

劝赌歌

春打六九过新年，三皇治世立人烟。
尧舜禹汤都有道，山东出下一梁山。
梁山一百单八将，造下纸牌天下传。
纸牌就是杀人剑，麻将就是毒药丸。
劝君别入迷昏阵，千万不要去赌钱。
赢了人家人难过，输了自己受熬煎。
高堂父母难敬孝，人家要钱你卖房。
卖儿卖女去还钱，亲戚朋友不来往，
你看可怜不可怜。
君子人好好学好好干，努力学习搞科研。
大学文凭拿到手，红花挂在你胸前，
亲朋好友常来往，你看乐观不乐观。

行车经

清晨起提精神，坐在车里念真经。
灯光菩萨头前走，观音老母随后跟。
稳坐菩萨左右看，八大金刚护满身。
护满身随步行，保佑人车保安生。

夸老槐

说槐树道槐树，老槐本是一文物，
人人保护老槐树，保护文物有好处。
老槐树五搂粗，槐树底下打扇鼓。
先打一个春风乐，再打一个拉花舞。
老槐村皮包青，粗壮神气真旺盛。
安家落户多少年，一千三百还有零。
老槐树喜盈盈，大红牌楼如天门，
大红牌楼大伙盖，保佑咱村好前程。
老槐树笑呵呵，全村老少喜事多，
老槐村皮包青，大学人才年年增。
老槐树笑开怀，畅开天门紫气来。
年迎春夏秋和冬，月纳东南西北财。
老槐树叶儿多，人到老年万事和。
月过十五光明少，人到老年多啰唆。
老槐村叶儿稠，人与人之间别记仇。
人生不过一百岁，转眼黑发白了头。
老槐树开黄花，花儿多来籽儿稠，
先祝牛郎去耕田，再祝织女把苗掩。
老槐树籽儿尖，不要明欺暗骗钱，
横行霸道眼前好，损儿折女在后边。
老槐树真精灵，树上盘着两条龙，
一条南海掌雨水，一条东洋管净瓶。
一年四季应时雨，五谷丰收喜盈盈。

人人保护老槐树，槐树不老万古流。
人神都从槐树过，又保全村又保寿。

“开锁儿”经

奶奶庙三位女神，神话传说她们姐妹三个出家修行在山上，她们采天地灵气日月精华。云霄，琼霄，碧霄，她们用法宝，金蛟剪和混元金斗，传说开锁用三根桃条。姐妹三个都本领高强，法力广大。金锁锁，银锁锁，一把钥匙一把锁，开一把锁咔啦咔啦，那一把，请你自己来开锁来呀来开锁。

赞蜜蜂

小小蜜蜂真可爱，春暖花开忙起来。
早出晚归去寻找，展翅腾飞出巢外。
东西南北四外寻，寻找花儿在哪开。
花见蜜蜂绽放开，蜜蜂见花定去采。
采到粮食双收获，采到瓜果味道来。
肚装甜蜜腿带粉，双翅一闭归巢来。
回到巢内来伺喂，伺喂蜂王下一代。
天天喂来日日长，群体浩大力量增。
福禄都是天地赐，多子多孙喜盈盈。
养蜂人啊要细心，精心管理养蜜蜂。

中国民间文化遗产抢救工程
THE PROJECT TO CHINESE FOLK CULTURAL HERITAGES

大梁江自建村开始，一砖一石，一草一木，无一不是靠自己的双手和智慧开拓，在贫瘠的大山深处，一点一点扎根，一步一步奋进，才有了“古城堡”和“金銮殿”，翻过一座山，打通一道岭，串成一条链，连起一个区，创造太行深处的传奇。

↓ 宛若飘带的井陉太行天路

第六章
自力更生旺古村

愚公治山又治水

自力更生、艰苦奋斗，改革创新、干事创业，苦干实干、无私奉献。

修路传统

大梁江自古就有朴素的价值观，认为修桥补路是做善事，所以人们愿意做这些善事。民国时期善士梁耀堂慨施大洋一百五十圆雇工修路，修通了大梁江至核桃园的一段路，打开了晋直分界之山，使危途变康庄大道。商人梁恕堂曾出资，修好王家岭至横岭一段石头路，方便了老百姓去山西的出行。

大梁江隧道

天然横卧一道岭，晋冀两地它能分。

玉米秸秆竖一竖，造就当代活愚公。

挖山不止用筐挑，凿穿悬崖石窟窿。

说的是大梁江人开洞修路的故事。大梁江村西首有一道横岭，像一堵大墙挡住了西去的道路，岭下有个一百米的石洞，穿过这个山洞，就到山西了，因此此处是名副其实的晋冀咽喉，这个石洞就是大梁江人自己手挖肩扛开通的隧道。

过去，村里人去山西要沿河滩，绕道横岭山，要多走很远的路。到了1962年，村里决定在横岭下部开凿一个山洞，以梁有生为书记，王宝生、梁金玉、梁九生为技术员，在没有测量仪器的情

↑ 大梁江隧道石洞口

况下，他们用玉米秸秆作标杆，从山顶开始两边分别向下测量，找准基点，用从两边向中间凿洞法挖洞。

那时，没有铲车、凿岩机、挖掘机，没有汽车、拖拉机运输，也没有足够的人力车，人们靠的是人背肩扛。先用人工打眼放炮，然后一块一块、一筐一筐抬出洞外。古代有愚公挖山不止的执着，而大梁江的父老乡亲也有战天斗地的精神和干劲，扁担上挂铁丝，下面接钩子，再用钩子挂筐子，硬是用手挖开一个洞，硬是用肩担出一段路。乡亲们自力更生的精神，吸引来省城的记者，《石家庄日报》以《当代活愚公》报道了大梁江人挖山不止的事迹。

↓ 通往山西省的隧道

乡亲们用玉米秸秆测量、从山两边向中间挖洞的土办法，洞挖通后竟毫厘不差，此事成了一大美谈，大家都夸土办法“神”。洞挖好了，只有一百多米，但比原来绕山走，缩短了两千米，大大方便了人们出行。如今公路又进行了拓宽、铺油，这里成了来往山西的必经之路，真是：险处咽喉在，晋冀此地分。穿过百米洞，哎呀出了省。

石砌大坝锁黄龙

在大梁江隧道东洞口北边是一道石砌大坝，顶部长98米，宽5米，迎水面为平滑的坡面，背水面为台阶坡度，上书“改辙易弦”，它既堵住了上游水流，又沟通了半山坡一条大道。过去由于大梁江村山峦重叠，沟谷交错，有时汛期洪水成灾，吞没良田，冲淹人畜，全体大梁江人民于1976年兴工筑坝，1981年竣工。其目的是“筑坝治水，建库成田”。“上游建成拦洪库，下游成田六百亩。”作为水利工程的一部分，大梁江水库可蓄水200万立方米，下游修滩垫地630余亩，对于大梁江的农业发展至关重要。

↓ 大梁江水库

古村古韵谱新篇

梁氏宗族聚族而居，几百年来一直生活在安定、祥和的氛围之中。勤劳、热情、纯朴、憨厚是大梁江村村民的美德。但是，随着村民的外出与外部文化的进入，几百年来延续下来的生活方式、生活观念难免会被改变。为使淳朴的民风、民俗及地方文化得以延续，人们开始反思和学习，他们认识到历史、文化、古迹的重要性，开始奔走呼号，想方设法制定保护规划，一些有识之士也在献计献策，为“守住记忆、记住乡愁”而奔忙。从拯救老屋开始，通过采取立档调查、申请保护、筹集资金、整治病痛等多种措施，老村的肌体逐步恢复健康，老院子又传出笑声，老树开始孕育又一轮新芽。

立档调查结硕果

↑ 中国历史文化名村——大梁江

从2009年开始，国家、省、市、县文物等相关部门开始到大梁江进行古村落考察，对古村的保护和利用提出指导性意见。2013年3月19日，在井陉县宣传文化中心召开“中国历史文化名村——大梁江”古村落保护开发研讨会，就古村落的保护、开发、培育和发展指出，发展思路以古村休闲旅游、民间工艺作坊、乡土文化体验、农家农事参与等历史文化休闲旅游产业推动古村落历史文化休

↑ 中国历史文化名村——大梁江，厚重的荣誉牌

↑ 国家住建部颁发的证书

↑ 2011年农历三月十八举行揭牌仪式

闲旅游业发展，引导和鼓励国企、村集体和热心人士等多种主体投资、合作开发，把老祖宗留下的宝贵遗产保护好、开发好。

2014年在井陉县文联的指导和组织参与下，大梁江村完成“中国传统村落立档调查”工程。2015年5月22日至30日，大梁江村参加了由中国民协、中国摄协、中国文联国内联络部、省委宣传部、省文联联合主办的“可以触摸的乡愁——河北省历史名村名镇名城风采展”展览。2015年“开锁儿”习俗成功申报石家庄市第六批非物质文化遗产。2016年2月24日（正月十七）上午，由中国民协分党组成员、副秘书长张志学，中国民协顾问、河北省民协主席郑一民带队的中国民间文艺家协会井陉“中国传统村落保护区”考察评审团一行12人，在县文联陪同下，到南障城镇考察大梁江传统村落。

2018年3月2—5日，在普天同庆元宵佳节之际，由中国民间文艺家协会、河北省文联共同主办，河北省民协、井陉县委和县政府承办的“‘拥抱新时代，担当新使命’我们的节日——2018中国井陉春节民俗展演暨传统村落与庙会文化在当代价值研讨会”，在河北省石家庄市井陉县举办。中国文联、中国民协、中国社科院、北京师范大学、复旦大学等近40位民俗专家和学者组成的专家考察组与文化、宣传等领域的专家学者齐聚千年古县井陉，就民俗传承、传统村落和非物质文化遗产保护、庙会文化当代价值等内容进行实地考察与深入研讨，并于3月2日（正月十五）到大梁江，赏山村十五夜景，考察古村古建、开锁儿民俗。在中国文联副主席、中国民协主席潘鲁生，中国民间文艺家协会分党组书记、驻会副主席邱运华分别参加活动。

旅发大会展新姿

第五届石家庄市旅游产业发展大会于2019年9月11日在井陉开幕。大梁江的开发建设是重点项目之一，规划建成大梁江宾馆—吊桥—步游路—古唐槐树—灵慈阁—城墙全景—秀才院—布衣县长院—练武场—武魁院—古戏楼—灵慈阁的精品观摩路线。今日之大梁江，已成为集民俗考察、旅游观光、生态休闲、探幽访古、摄影写生、影视拍摄、传统文化及爱国主义教育为一体的重要基地。

↑ 聚焦古村落

此前，大梁江村充分利用旅发大会的效应，推出原创歌曲专辑《襟山带河大梁江》，举办“井陉大梁江2019新

↑ 旅发大会展新姿

↑ 大槐树下写生的孩子们

春庙会及旅游文化艺术节”，启动河北井陉“梦里老家大梁江”首届摄影大赛，向游客展示古色古香的明清古建筑和风土人情，广受好评。

↑ 当地人演出剧照

近几年，越来越多的人喜欢上这原汁原味的太行山村，这里成为众多艺术团体、艺术院校和摄制组的摄影、写生、影视剧拍摄基地。儿童爱国主义教育影片《七个小八路》、百集电视系列剧《红色少年》之《抗日小英雄》、电影《第十二秒》取景拍摄都选择了这里。由贾大山小说改编，郑大圣执导的井陉话现代剧电影《村戏》，更是多在大梁江取景。

太行天路美名扬

大梁江古村落借助2016年“7·19”洪灾恢复重建之机，两委班子依靠群众、发挥集体力量，为带动经济发展，打响了井陉县古村落环线旅游路建设的第一炮。借助旅发大会的东风，修筑太行天路，连通大梁江和于家，实现了传统村落保护区循环旅游线路无缝对接。

2017年时任村支书的梁瑞锁陪同时任县委书记苏志超穿过了从大梁江至于家的不毛之地，他们穿山越岭，上悬崖过峭壁，越深涧披荆棘，原本直线距离不到八华里的路程，硬是走了六个多小时，蹚出了“天路”的最初路线。

大梁江路段长约5公里，是井陉太行天路最艰难的一段，也是

↑ 井陉天路大梁江段

↑ 为弘扬井陉天路精神，由井陉县晋剧团自编自演了大型剧目《天路情歌》

↑ 天路旁的大梁江

最有魅力的一段，从谷底的村落一直攀升到山顶，再折下去，落差大、拐弯多、坡度大，却峰回路转，一步一景，有山涧，有池塘，有石洞，有红叶，更有“一览众山小”。附近的山垴叫“双尖垴”，“天路”的最高点恰在这一段，为南障城镇、于家村、天长镇的交会点，所以这里也是“天路”第二期的主要分支节点，向西向北分别到核桃园、小龙窝、于家石头村等文化名村。这里过了村西的隧道即可连接山西一号公路，抵达三晋大地。

“井陉太行天路”具体指“石太高速秀林出口”到“南障城镇大梁江村”的旅游公路。这条贯穿井陉县南王庄、秀林、于家、南障城、天长五个乡镇27个古村落的循环旅游公路被网友亲切称为“太行天路”。井陉“天路”形成“一带三舍串九景，寄乡情山居，忆梯田农耕，观山石林翠”的旅游景观。沿途群山、密林、村落、农田构成的醉人画卷与“天路精神”一同成为井陉旅游“新高地”“新热点”。

后记

2014年6月，接到中国民间文艺家协会通知，要求各地文联立即开展中国传统村落立档调查工作，我们及时向井陉县委、县政府主要领导汇报，时任县委书记田耀筠非常重视，给予关心和鼓励支持，文联迅速发动县民间文艺家协会、摄影家协会、离退休老干部老教师及亲友成立了井陉县传统村落立档调查志愿者工作队，又迅速发动乡镇村在各村成立了调查小组，县村志愿者工作队和村调查小组，先后分别调查了76个村落，大梁江村作为首批中国传统村落，是重点立档调查的村落之一。

7月开始，大家进村入户，实地调查走访，一线拍摄收集资料，烈日酷暑，热情无限，大家都有一个共同的目的——抢救，抢

↓ 从图中看，村口老槐树下的阁楼左右两侧有两道明显的土墙，那便是大梁江天然的衣襟，怀抱着古老的村庄

↑ 南坡的春天，春天里的梧桐花

救性地将我们生活过的古老村庄记录下来，那些老树老街，那些老井老屋，那些老人，那些稍纵即逝的众多的散落的物质文化遗产、非物质文化遗产，一砖一瓦，一草一木，都是被调查的对象。大家起早贪黑、顶风冒雨、披荆斩棘，一路走来，从未间断，也不计报酬，是兴趣更是责任，留下记忆，记住乡愁，便是行动的意义所在。一年过去了，大家都完成了“规定动作”，又大大超出了“规定动作”。

2015年12月，接河北省民间文艺家协会通知，要求编纂“中国民间文化遗产抢救工程”《中国历史文化名城·名镇·名村丛书》，我们立即整理书稿上报。

河北省民间文艺家协会荣誉主席郑一民、主席兼秘书长杨荣国等省民协领导专家对书稿的编撰尤其是章节的设置进行了专业指导，同时对本书的出版寄予厚望并给予鼓励支持，在此敬礼并致谢！

我们的宗旨是，力求真实、客观、全面地反映和展现大梁江村的历史风貌和现状。但由于村中知情老者的相继离去，大量有价值的信息缺失而无法再收集到，难免遗憾。对此，调查的工作我们会一直做下去，再提高，再充实。书中不妥之处，谨请批评指正。

编者

2022年7月

图书在版编目（CIP）数据

中国历史文化名村．河北大梁江 / 中国民间文艺家协会组织编写；潘鲁生，邱运华总主编．—北京：知识产权出版社，2022.10

（中国历史文化名城·名镇·名村丛书）

ISBN 978-7-5130-8334-8

Ⅰ．①中… Ⅱ．①中… ②潘… ③邱… Ⅲ．①井陉县—概况 Ⅳ．①K928.5

中国版本图书馆CIP数据核字（2022）第159454号

责任编辑：宋 云 赵 昱　　**责任校对：**王 岩

装帧设计：研美文化　　**责任印制：**刘译文

中国历史文化名城·名镇·名村丛书

中国历史文化名村·河北大梁江

中国民间文艺家协会 组织编写

总 主 编 潘鲁生 邱运华

本卷主编 马 佶 何克宁

出版发行：知识产权出版社有限责任公司　　**网　址：**http：//www.ipph.cn

社　址：北京市海淀区气象路50号院　　**邮　编：**100081

责编电话：010-82000860转8388/8128　　**责编邮箱：**songyun@cnipr.com/zhaoyu@cnipr.com

发行电话：010-82000860转8101/8102　　**发行传真：**010-82000893/82005070/82000270

印　刷：天津市银博印刷集团有限公司　　**经　销：**新华书店、各大网上书店及相关专业书店

开　本：720mm×1000mm 1/16　　**印　张：**12.5

版　次：2022年10月第1版　　**印　次：**2022年10月第1次印刷

字　数：150千字　　**定　价：**80.00元

ISBN 978-7-5130-8334-8